老いる自分をゆるしてあげる。

上大岡トメ

幻冬舎文庫

それは
セキから始まった
コン
48歳の春のこと
コンコンコンコンコンコンコンコン
風邪？ 風邪なんて
ここ数年ひいてないのに
セキは治まらず
病院に行くと――
呼吸器内科
アレルギー科
今年は
花粉が
多いのかなー
コンコンコン
いろんな検査の
結果
「喘息《ぜんそく》」
ですね
肺年齢が
86歳です
え!?

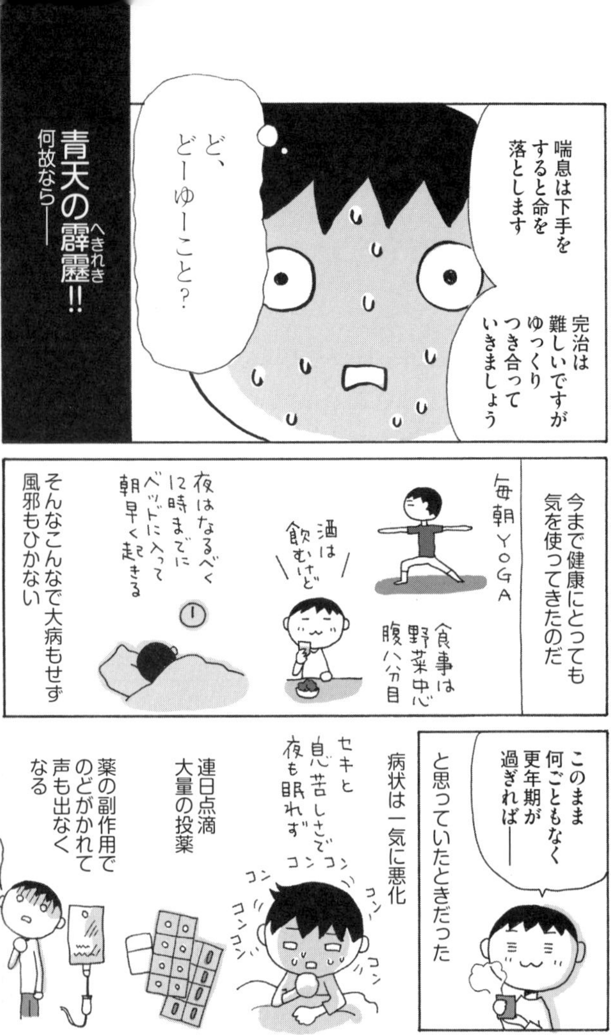
喘息は下手をすると命を落とします
完治は難しいですがゆっくりつき合っていきましょう
ど、どーゆーこと?
青天の霹靂《へきれき》!!
何故なら——
今まで健康にとっても気を使ってきたのだ
毎朝YOGA
食事は野菜中心腹八分目
酒は飲むけど
夜はなるべく12時までにベッドに入って朝早く起きる
そんなこんなで大病もせず風邪もひかない
このまま何ごともなく更年期が過ぎれば——
と思っていたときだった
病状は一気に悪化
セキと息苦しさで夜も眠れず
コンコン
コン
コン
コンコン
コン
連日点滴大量の投薬
薬の副作用でのどがかれて声も出なくなる

ガラガラガラ
わーっ!!
ドシャーッ
息ができないっっ
死ぬ!!
はっ
夢!?
がばっ
あまりの
息苦しさで
一晩に2回も
「生き埋め」になる
夢を見る
絶望…
もうこのままじゃ
仕事もできない…
大好きなバレエも
踊れない…
セキが止まらないから
コンサートにも行けない…
酒も飲めない…
何もできない!!

呼吸器内科
アレルギー科
薬もいいものが出てきています
大丈夫!! あせらずゆっくり治しましょう
そーなんですね…
薬のおかげで徐々に症状は治まってくる
誰かに言いたくてSNSに投稿すると
えっ!! ○○さんも
私も実は2年前
私も
僕も
オトナになって喘息になっている人 意外と多い!! それも40~60代
喘息以外でも50歳前後で体調に異変が起こった人も!
50歳のとき乳ガンになった! H子さん Yさん
50歳 膵臓を悪くして2カ月入院 Kさん
血圧が急に高くなって薬を飲み始めた Oさん(51歳)
52歳で体調を崩して退職 Sさん
Tさんは50歳のとき脳腫瘍が発見されて半年で亡くなった…
すごく元気だったのに

「50歳」って何かあるんだろうか…？
50
20
人生はとっくに折り返し地点を過ぎている
終わり（死）が確実に近づいてくる実感
ココロもカラダも
この先どうなっていくんだろう？
シワシワたるんでいくカラダ
増える白髪
疲れもなかなか取れない
こわがっても目をそむけても老化はみんなに平等にやってきます

こうしている間にもあなたの細胞の一部は
「細胞周期」を終えようとしているかも――
だ…
誰!?

目次

登　場　人　物

上大岡トメ

1965年生　53歳（単行本発売時）
既往歴：特にナシ　48歳までは…。
趣味：ヨーガ、バレエ
身長：164㎝
体重：約50kg

1.

「齢をとる」ってどういうこと？

閉経しても生きているのは人間だけ

うちに
いらっしゃい
近くなの
お茶を
飲んでいって
何だろ
静かな物言い
なのに
断れない
雰囲気
犬も
結構
齢《とし》いってるな
よた
よた
カラカラ
渋い
カチャッ
どうぞ

ぽかん
何の骨?
本がたくさん
恐竜のフィギュア!?
シソ茶よ
ホッとできるの
コプコプ

いただきます
あ おいしい！
セミってね
え
7年近く土の中にいるの
唐突だな…
※約1カ月とも言われています
成虫になって地上に出て約2週間※交尾をして産卵し終わったらすぐ死ぬ
羽化中
カゲロウも成虫になって1日程度で生殖してすぐ死ぬ
エサを食べないので口もない
そんな一生どう思う？
ど、どうって言われても——
何かむなしいです
せっかく何年もかけて成虫になって地上に出たのにすぐ死んじゃうなんて——
そう？
た試されてる？

※シャチなどの一部のほ乳類もなれます

何故？
「老化」って果たしてネガティブな要素だけかしら？
「老化」には何か意味があるんじゃない？
一緒に考えてみる？
は…
はい
物静かな口調の中に太い芯のようなものがあって思わず「はい」と言った
アンって呼んでね
81歳
ハナ 13歳
これが不思議なアンさんとの初めての出会いでした

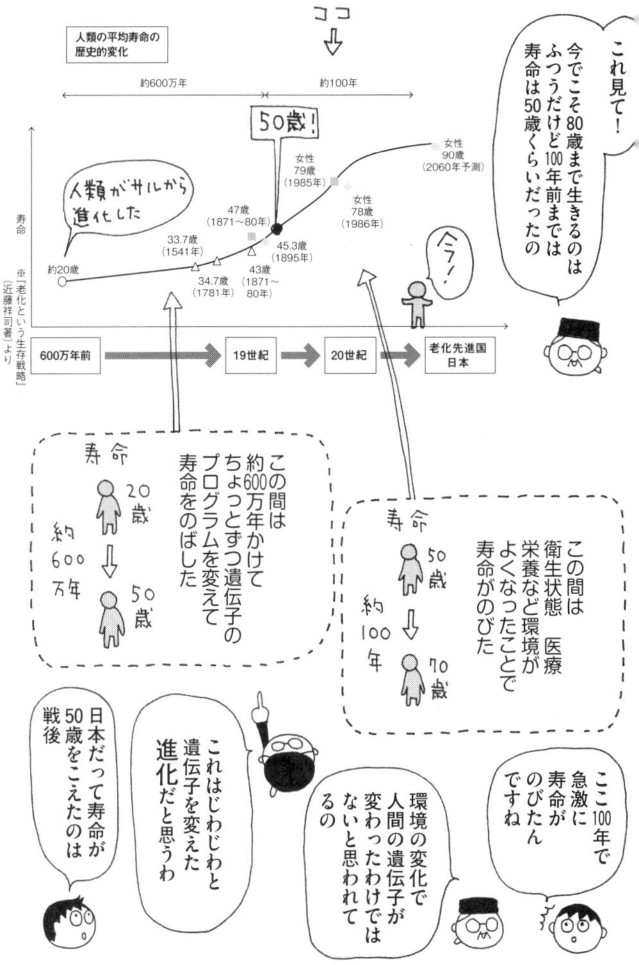

これ見て！
今でこそ80歳まで生きるのはふつうだけど100年前までは寿命は50歳くらいだったの
ココ
人類の平均寿命の歴史的変化
約600万年
約100年
50歳！
人類がサルから進化した
寿命
約20歳
33.7歳（1541年）
34.7歳（1781年）
47歳（1871～80年）
43歳（1871～80年）
45.3歳（1895年）
女性 79歳（1985年）
女性 78歳（1986年）
女性 90歳（2060年予測）
今！
600万年前
19世紀
20世紀
老化先進国 日本
※『老化という生存戦略』（近藤祥司著）より
この間は約600万年かけてちょっとずつ遺伝子のプログラムを変えて寿命をのばした
寿命
20歳
約600万年
50歳
この間は衛生状態　医療栄養など環境がよくなったことで寿命がのびた
寿命
50歳
約100年
70歳
ここ100年で急激に寿命がのびたんですね
環境の変化で人間の遺伝子が変わったわけではないと思われてるの
これはじわじわと遺伝子を変えた進化だと思うわ
日本だって寿命が50歳をこえたのは戦後

だから
こういう
仮説があるの
ヒトの寿命の設定は
50歳まで
50
つまり50歳以降は
設定されていない
環境にうまく適合したり
自分のカラダのメンテナンスが
できたら100歳まで生きられる
かもしれない
でもそうじゃないと
50歳で寿命を
終えてしまう
!
じゃあ私が
50歳を目前に
突然喘息に
なったり
まわりでも
50歳前後で体調を
崩す人が多いのも
関係あるん
でしょうか?
うーん
それはハッキリとは
わからないわね

こういうことかな…
50歳まではある程度の保証があって足をしっかり地につけて生きていけるけど50歳を機に重力がなくなって
宇宙遊泳に行く感じ!?
どこに行くのも自分の責任自分次第ってこと!?
老化ってね見た目はシワができたりヨボヨボになったり年数がたつことで劣化しているように見えるけど
実はヒトの中に「老化のプログラム」があらかじめ入っていてそれに従ってるだけ
経年変化ではないのよ
えっ!?
シワシワ
風化・劣化ではない
庭に放置されたベンチ

老化の全体像はわからない!?

えーと 倒れてる？
んじゃないよね 何か
もぞもぞ動いてるし
あら 昨日のー
トメさん だったわね
体操？
大殿筋《だいでんきん》を鍛えているのよ
筋肉は使わないと縮んでなくなっちゃうからね
自分の足で歩けないと旅行にも買い物にも行けないでしょ
大殿筋 お尻の筋肉…
中に入って お茶を 淹《い》れましょ

写真!!
古い写真
白衣だ
アンさんの若いころ？
お医者さんだったの？
今日のお茶はレモングラス
それにしても昨日の今日とはよっぽど興味があるのね
消化を助けてくれるの
明日来いって言ったじゃん
でも老化に不安を感じ興味を持っているのはトメさんだけじゃない
多くの研究者によって1960年代以降さまざまな「老化の原因」の仮説がたてられた
テロメア
酸化ストレス
ホルモン
細胞周期
DNA障害
カロリー制限
あまりに多様すぎるから

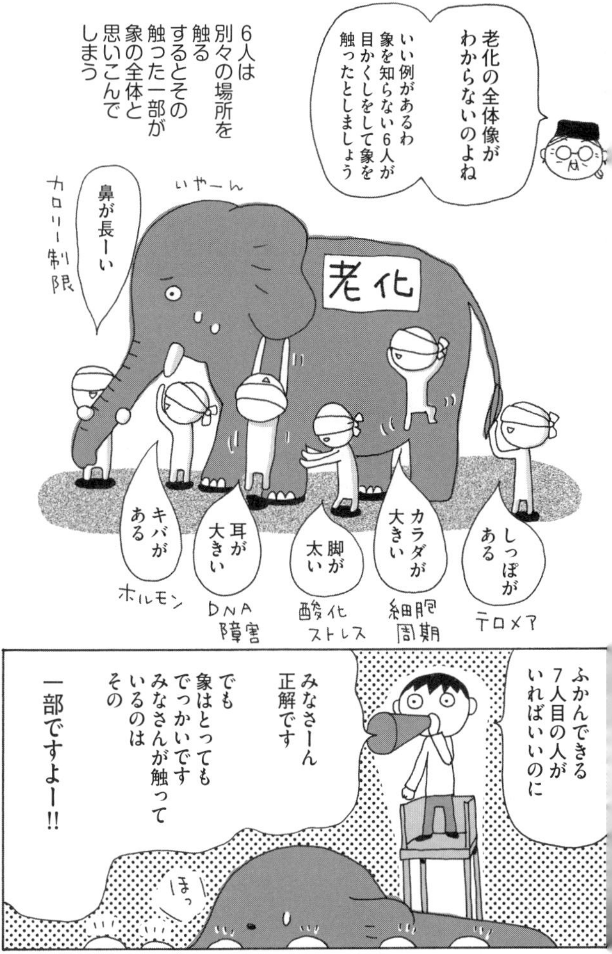
老化の全体像がわからないのよね
いい例があるわ象を知らない6人が目かくしをして象を触ったとしましょう
6人は別々の場所を触るするとその触った一部が象の全体と思いこんでしまう
いやーん
鼻が長ーい
カロリー制限
老化
しっぽがある
カラダが大きい
脚が太い
耳が大きい
キバがある
テロメア
細胞周期
酸化ストレス
DNA障害
ホルモン
ふかんできる7人目の人がいればいいのに
みなさーん正解です
でも象はとってもでっかいですみなさんが触っているのはその
一部ですよー!!
ほっ

※スタンフォード大学のトニー・ウィス＝コレイ氏とカリフォルニア大学サンフランシスコ校のサウル・ヴィルダ氏による

もし老化が
経年変化だったら
血を混ぜたことで
若いマウスの老化が
始まることはない
カチ
カチ
カチ
カチ
カチ
カチ
生命が
「老化のプログラム」を
用意しているってことは
老化を重要視
しているということ
老化も
成長と同じように
生命の営みなの
成長が開いていく
プログラムなら
老化は
閉じていく
プログラム
私はね
老化は人間を
別のステージに
連れていってくれると
思っているの
別のステージ

老化細胞はとてもワガママ

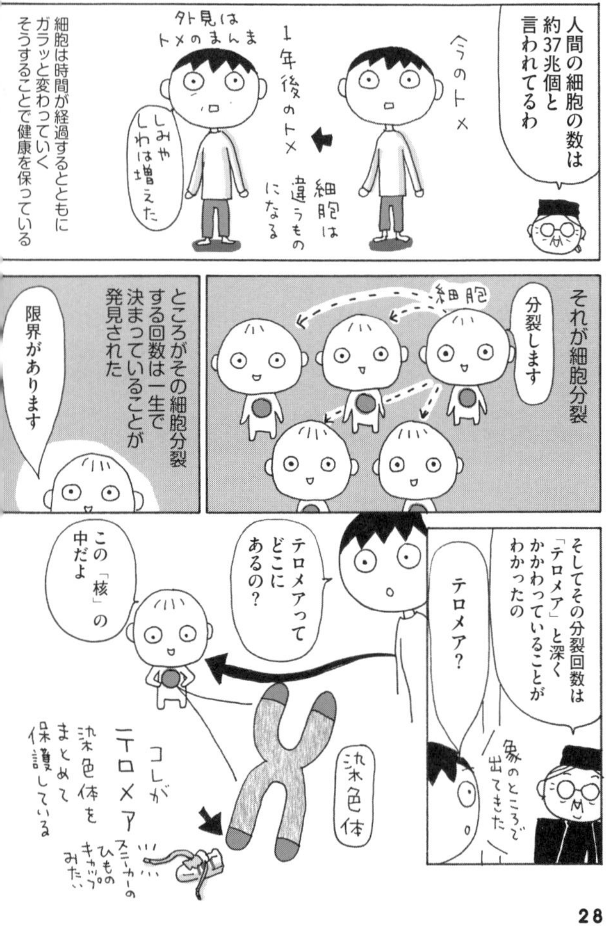
人間の細胞の数は約37兆個と言われてるわ
今のトメ
1年後のトメ
細胞は違うものになる
外見はトメのまんま
しみやしわは増えた
細胞は時間が経過するとともにガラッと変わっていく
そうすることで健康を保っている
それが細胞分裂
分裂します
細胞
ところがその細胞分裂する回数は一生で決まっていることが発見された
限界があります
そしてその分裂回数は「テロメア」と深くかかわっていることがわかったの
テロメア?
象のところで出てきた
テロメアってどこにあるの?
この「核」の中だよ
染色体
コレがテロメア
染色体をまとめて保護している
スニーカーのひものキャップみたい

テロメアは細胞分裂するたびに短くなっていく
長
短
そのためテロメアは「命の回数券」と呼ばれる
回数券残り10枚だから1回1回を大切に
テロメア
細胞たち
分裂します
テロメアが短くなって限界が来るとどうなるんですか?
細胞分裂はそこで終了
ピーーッ
細胞の老化が始まる
「老化細胞」という名になる
ところがこの老化細胞とっても自己中心的!
まだ死にたくねえ!!
ひとりで死ぬのもイヤだ!!

キレた老化細胞はいろんな物質をあたりにまき散らす
キレ キレ
ケモカイン
サイトカイン
PAI-1
まき散らされた分泌物はまわりの細胞に影響する
炎症を起こす
ゴオオオオ…
老化を急速にすすめる
ガンを発症させる
ガン細胞
たまにいますねーこういう逆ギレするお年寄り
この炎症のせいで齢をとるとカラダのあちこちが痛くなるのよ
ポキ
パキ
あっ でも以前 炎症が起きるのは傷口が治るのに必要って聞いたことがあります
炎症には2種類あるの
ポキポキ
パキパキ
炎要悪っ

急性炎症
免疫細胞を適切に活性化させる
ボーッ
出火!
すぐ鎮火
被害は最小限
慢性炎症
炎症が長引き正常な回復が難しくなる
ボヤ
じわじわ続く
いつの間にか広がって有毒ガスなど発生被害が広がる
老化は慢性炎症
それにもうひとつ問題なのは老化細胞が自殺をしないこと
え!? 自殺!?
細胞は外部からの何らかの衝撃で傷つくと 2つのうちどちらかの道をたどる
やられた…
①自殺(アポトーシス)
②修復
細胞
P53遺伝子
どっちにしよう…
判断するのは「p53遺伝子」
ところが老化細胞の中に「NF-κB」という物質がいて これが
何言ってんの!!
オレがいるかぎり①という選択はありえないから!!
超強気!!

だから老化細胞は死なずにどんどん体内に蓄積されていく
よいさ
よいさ
よいさ
こらしょ
それと同時にNF-κBは
さらに慢性炎症を起こすぜっ!!
加齢性生活習慣病も発症させるぜっ!!
ボウッ
アンさん…これヤバくないですか？
老化細胞もろとも除去できないんですか？
それがねぇ…
細胞が老化することによって内臓はスカスカになって機能が低下していくの
これはヘチマたわし
スカスカ
そこから老化細胞をとってしまうというのは——

それは過疎の町から
高齢者がいなくなったら
町が消滅するのと同じこと
かつて家があったところ
老化細胞も大事にしなくてはならない
佐々木さん変わりないー?
民生委員
カラダの中でも高齢化問題は深刻だ
そうこうしているうちに分裂が終了してしまう細胞がどんどん増えていくんだ
そんなにどんよりしないで
テロメアを伸ばす「テロメラーゼ」という酵素が発見されたの
え!?
コポコポ
そしてテロメアとテロメラーゼの一連の研究は2009年のノーベル生理学・医学賞をとったのよ
ブラックバーン博士
ショスタク博士
グライダー博士
ええ!?

テロメアで老化のスピードがわかる

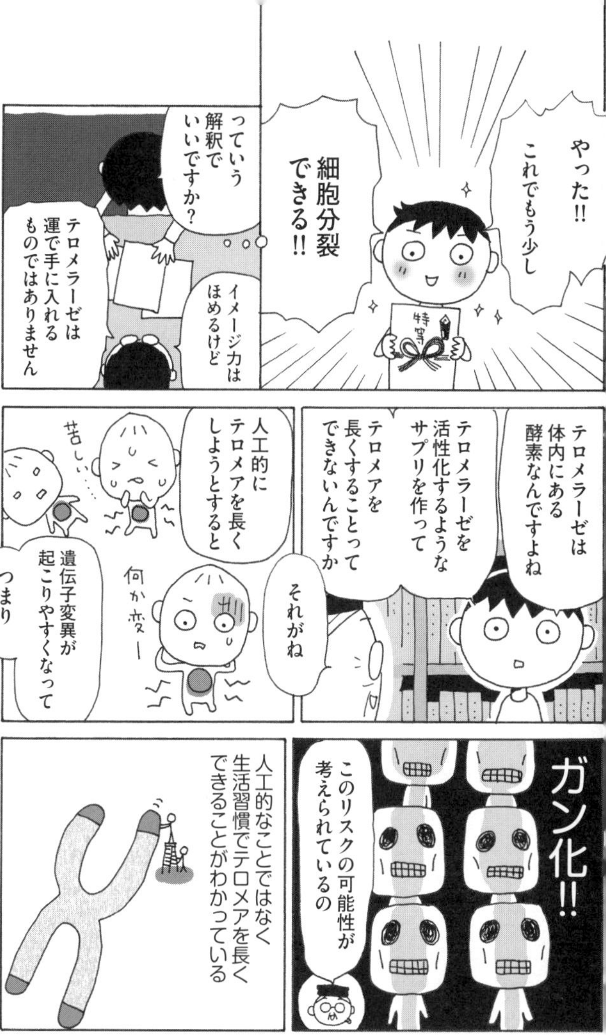
やった!!
これでもう少し
細胞分裂
できる!!
特写
ってこういう
解釈で
いいですか?
イメージ力は
ほめるけど
テロメラーゼは
運で手に入れる
ものではありません
テロメラーゼは
体内にある
酵素なんですよね
テロメラーゼを
活性化するような
サプリを作って
テロメアを
長くすることって
できないんですか
それがね
人工的に
テロメアを長く
しようとすると
苦しい…
何か変ー
遺伝子変異が
起こりやすくなって
つまり
ガン化!!
このリスクの可能性が
考えられているの
人工的なことではなく
生活習慣でテロメアを長く
できることがわかっている

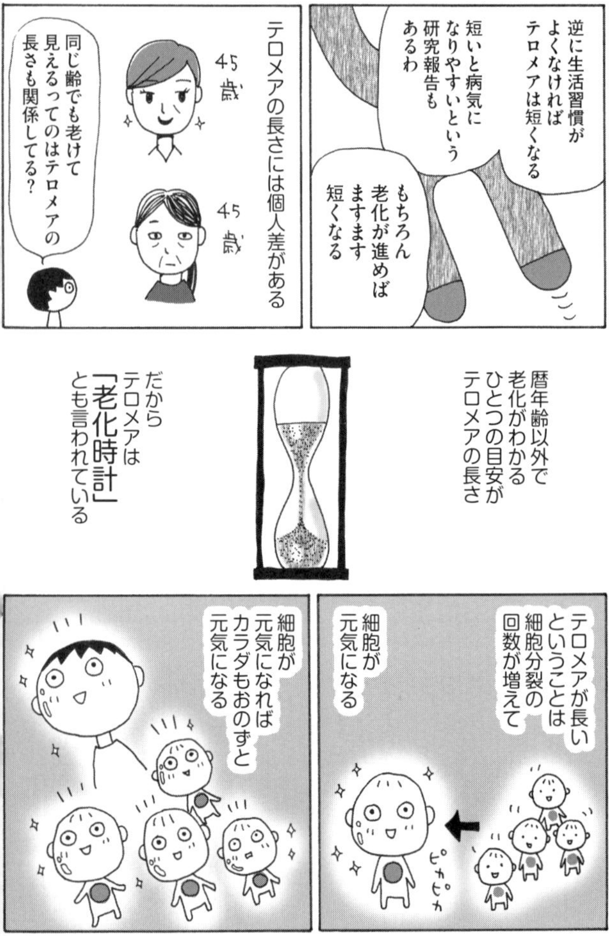
逆に生活習慣がよくなければテロメアは短くなる
短いと病気になりやすいという研究報告もあるわ
もちろん老化が進めばますます短くなる
テロメアの長さには個人差がある
45歳
45歳
同じ齢でも老けて見えるってのはテロメアの長さも関係してる？
暦年齢以外で老化がわかるひとつの目安がテロメアの長さ
だからテロメアは「老化時計」とも言われている
テロメアが長いということは細胞分裂の回数が増えて
細胞が元気になる
ピカピカ
細胞が元気になればカラダもおのずと元気になる

反対にカラダがしんどいなーっていうときは
細胞も傷ついているのかも
細胞のことなんて
考えたことなかったなー
まだ仲間一
増えるかなー
オレも仲間に入れてー
アンさん！
私 外見の老化ばかりにがっかりしてたけど
はい
自分のカラダの中のこと知りたいっ
見えないところっ
骨や筋肉脳もどうなっていくんだろう
どう変化して
「別のステージ」とやらに行くのか知りたい
未知のゾーン

そのステージからのながめを余裕を持って楽しめるように
老化は
カラダの中にプログラムされているから
逃れることはできないけど
そのスピードをゆっくりにすることはできると思うの
やることをやればね…
ところで──
それ!!知りたい!!

アンさんはお医者さんだったんですか？
そうよ
かつてはねー
50歳くらいのときの写真よ
美人でしょ
自分で言う？
でも老化の話は
5人の専門家に教わったのよ
それを話すわね
パラ
自分なりの象の全体像…
描けるかな…

目指すは「健全に老化する」ことっ、
矛盾してないかっ、

2.

骨も齢をとる

骨の中で起こっていること

何してるんですか？
あらトメさん
ぴょん
「骨トレ」よ
「筋トレ」ではなく？
ところでこの箱ちょっと運んでもらってもいいかしら
あ はい
重っ
ずしっ
みかん
筋力が衰えたな…
今筋力の衰えは感じたけど
骨の衰えは感じなかったでしょ
え!?
ドキッ

骨はふだんあまり意識されることがない
筋肉のように筋肉痛にもならないし
骨折でもしないかぎり!
ゴメンナサイ
ちなみにトメさんの骨は何本あるかしら?
……
……
ザックリした骨格図
1本 2本 5本 10本…
てきとーに
80本!
ブッブー
200※本あまりよ
えっそんなにたくさん!?
骨豆知識
最も小さい骨「アブミ骨《こつ》」耳の中にある骨
ホントに「アブミ」のような形
最も大きい骨「大腿骨《だいたいこつ》」
これは骨じゃない犬用の歯みがき
こんなこと知っている人は少ないわよねー

※個人によって異なります

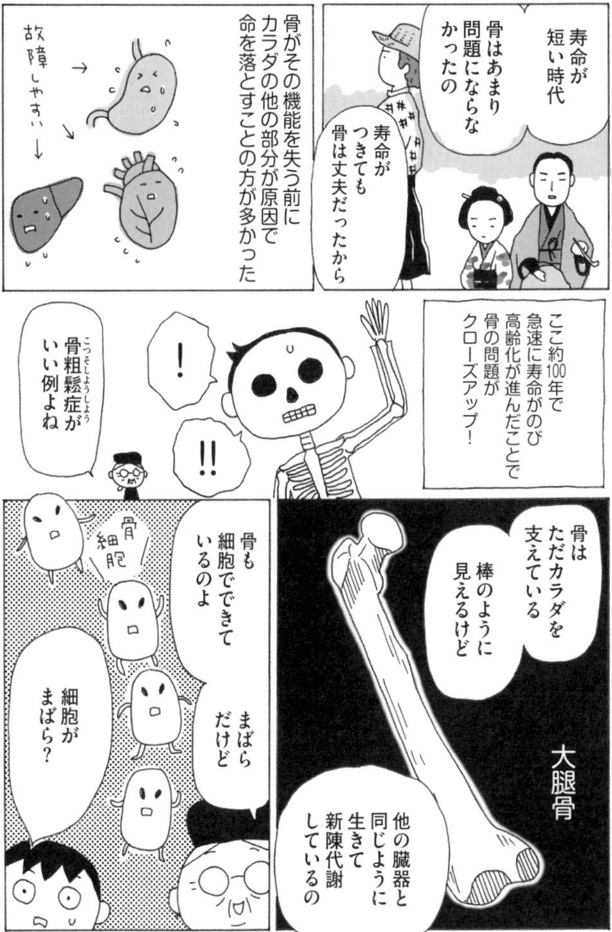
寿命が短い時代
骨はあまり問題にならなかったの
寿命がつきても骨は丈夫だったから
骨がその機能を失う前にカラダの他の部分が原因で命を落とすことの方が多かった
故障しやすい
ここ約100年で急速に寿命がのび高齢化が進んだことで骨の問題がクローズアップ!
!
!!
骨粗鬆症《こつそしょうしょう》がいい例よね
骨はただカラダを支えている
棒のように見えるけど
大腿骨
他の臓器と同じように生きて新陳代謝しているの
骨も細胞でできているのよ
骨細胞
まばらだけど
細胞がまばら?

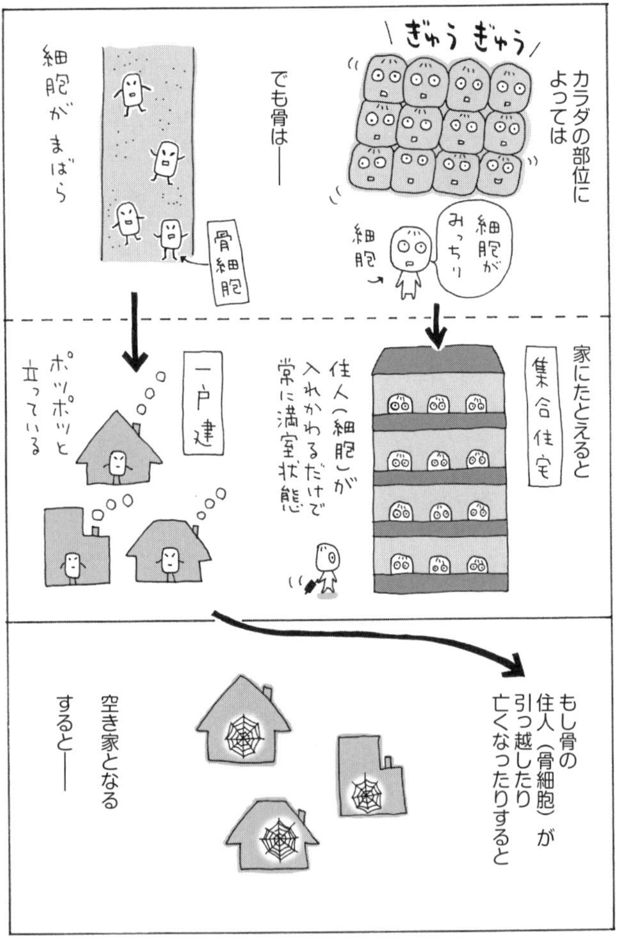

カラダの部位によっては
ぎゅう ぎゅう
細胞がみっちり
細胞
でも骨は――
骨細胞
細胞がまばら
家にたとえると
集合住宅
住人(細胞)が入れかわるだけで常に満室状態
一戸建
ポツポツと立っている
もし骨の住人(骨細胞)が引っ越したり亡くなったりすると
空き家となる
すると――

ド～ン
ガッシャーン
破骨細胞
空き家はつぶすぜっ
ガンガン
バコバコドンドン
破骨《はこつ》細胞が来て
空き家を壊す
お疲れー
腰にくるー
「創造は破壊から」?
シヴァ神みたい

空き家がなくなって
更地となった
場所に次に現れるのが――
ドン
骨芽細胞」
骨芽《こつが》細胞は家を作り始める
トントン
カンカン
ギ～コ
ギ～コ
そして骨芽細胞の一部は
骨細胞となり
できあがった家に住む
骨芽細胞
骨細胞
新築の家ーー!
へぇ
自分の家を
自分で
作るんだ!
それが新しい
骨に!!

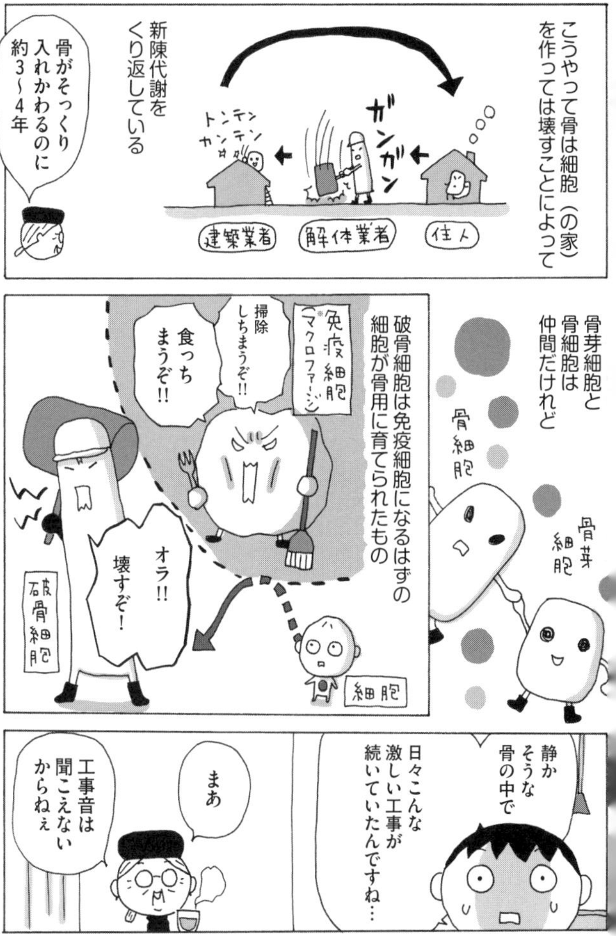
こうやって骨は細胞（の家）を作っては壊すことによって
ガンガン
トンテンカンテン
住人
解体業者
建築業者
新陳代謝をくり返している
骨がそっくり入れかわるのに約3〜4年
骨芽細胞と骨細胞は仲間だけれど
骨細胞
骨芽細胞
破骨細胞は免疫細胞になるはずの細胞が骨用に育てられたもの
免疫細胞（マクロファージ※）
掃除しちまうぞ!!
食っちまうぞ!!
オラ!! 壊すぞ！
破骨細胞
細胞
静かそうな骨の中で
日々こんな激しい工事が続いていたんですね…
まあ
工事音は聞こえないからねぇ

※体内に侵入した細菌などの異物を消化・殺菌する細胞

骨の老化ってどういうこと？

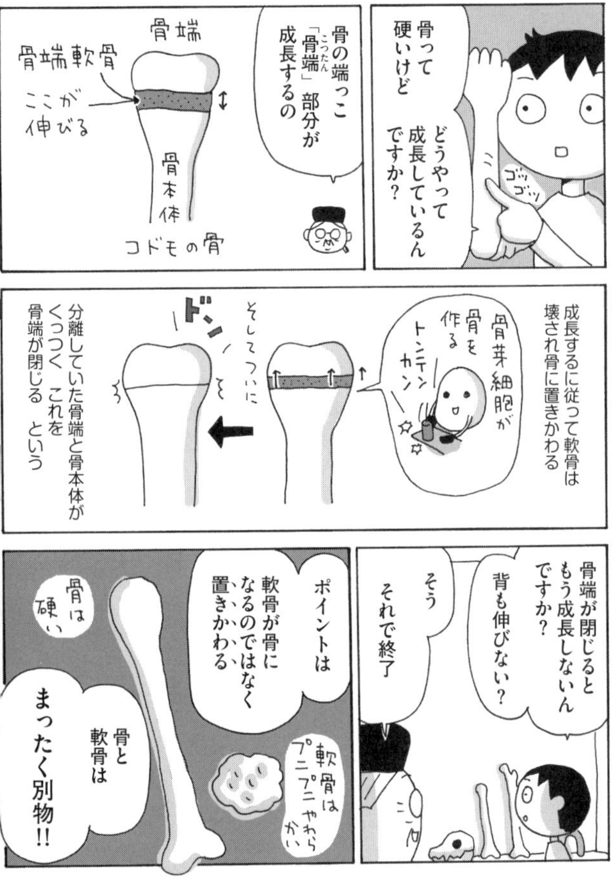

骨って硬いけど
どうやって成長しているんですか？
ゴッゴッ
骨の端っこ「骨端《こったん》」部分が成長するの
骨端
骨端軟骨
ここが伸びる
骨本体
コドもの骨
成長するに従って軟骨は壊され骨に置きかわる
骨芽細胞が骨を作る
トンテンカン
そしてついに
ドン
分離していた骨端と骨本体がくっつく これを骨端が閉じる という
骨端が閉じるともう成長しないんですか？
背も伸びない？
そう
それで終了
ポイントは
軟骨が骨になるのではなく置きかわる
骨は硬い
軟骨はプニプニやわらかい
骨と軟骨は
まったく別物!!

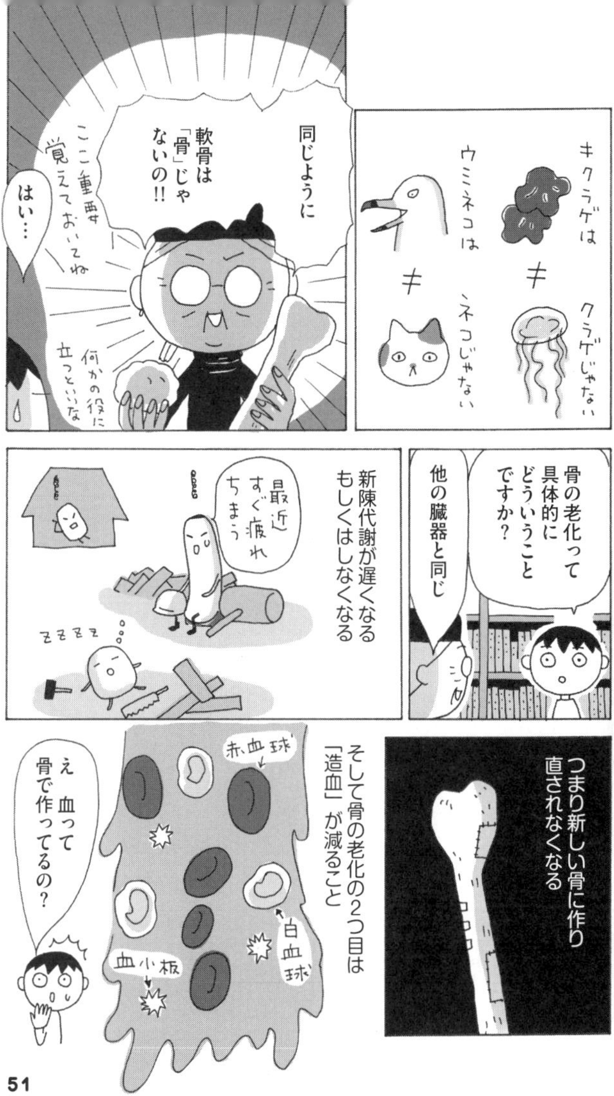
キクラゲは
≠
クラゲじゃない
ウミネコは
≠
ネコじゃない
同じように
軟骨は「骨」じゃないの!!
ここ重要 覚えておいてね
はい…
何かの役に立つといいな
骨の老化って具体的にどういうことですか?
他の臓器と同じ
新陳代謝が遅くなるもしくはしなくなる
最近すぐ疲れちまう
ZZZZZ
つまり新しい骨に作り直されなくなる
そして骨の老化の2つ目は「造血」が減ること
赤血球
白血球
血小板
え 血って骨で作ってるの?

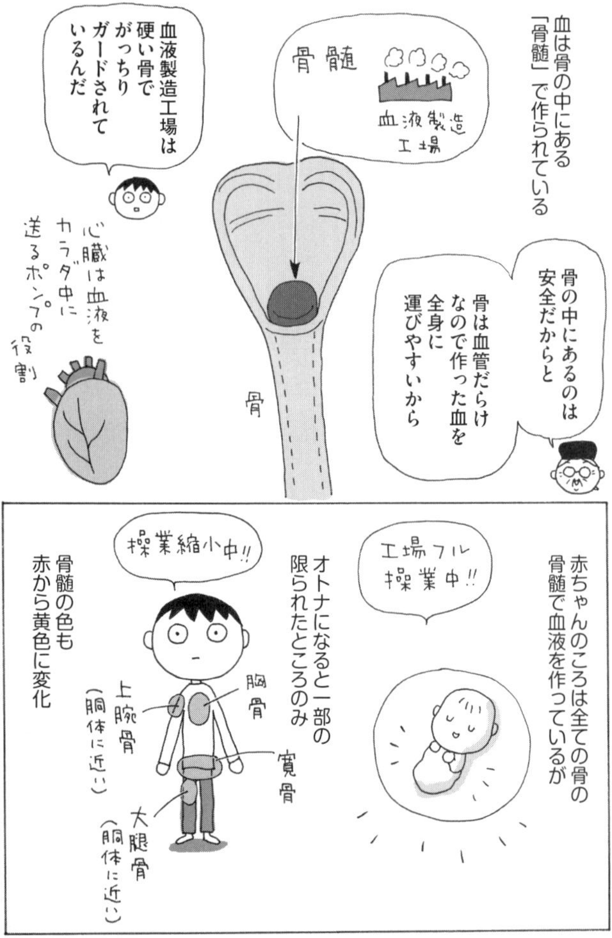
血は骨の中にある「骨髄」で作られている
骨髄
血液製造工場
骨の中にあるのは安全だからと
骨は血管だらけなので作った血を全身に運びやすいから
骨
血液製造工場は硬い骨でがっちりガードされているんだ
心臓はカラダ中に血液を送るポンプの役割
赤ちゃんのころは全ての骨の骨髄で血液を作っているが
工場フル操業中!!
オトナになると一部の限られたところのみ
操業縮小中!!
胸骨
寛骨
上腕骨（胴体に近い）
大腿骨（胴体に近い）
骨髄の色も赤から黄色に変化

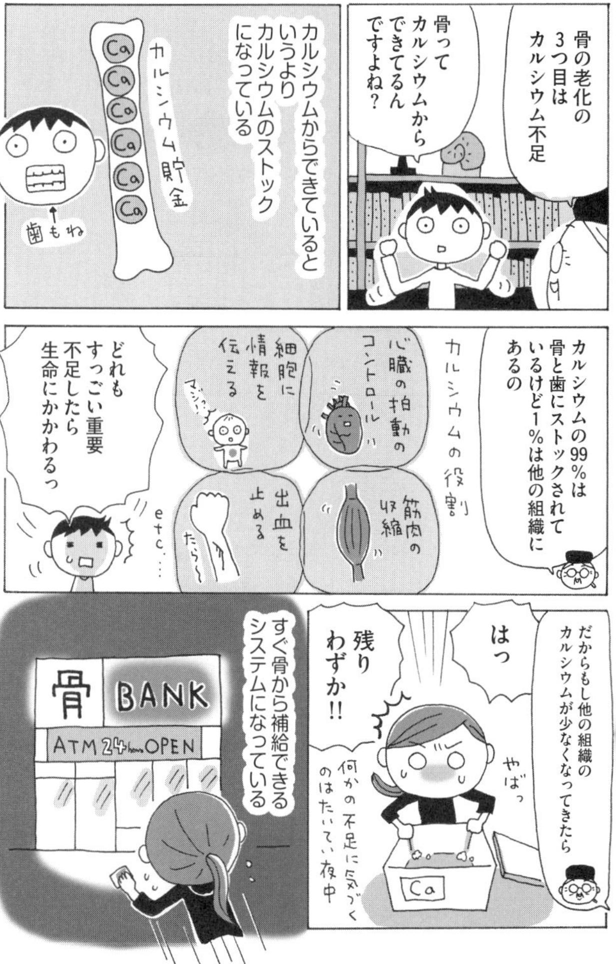

骨の老化の3つ目はカルシウム不足
骨ってカルシウムからできてるんですよね？
カルシウムからできているというよりカルシウムのストックになっている
カルシウム貯金
Ca
Ca
Ca
Ca
Ca
Ca
歯もね
カルシウムの99%は骨と歯にストックされているけど1%は他の組織にあるの
カルシウムの役割
心臓の拍動のコントロール
細胞に情報を伝える
マジっ
筋肉の収縮
出血を止める
たら〜
etc…
どれもすっごい重要不足したら生命にかかわるっ
だからもし他の組織のカルシウムが少なくなってきたら
はっ
残りわずか!!
やばっ
何かの不足に気づくのはたいてい夜中
Ca
すぐ骨から補給できるシステムになっている
骨
BANK
ATM 24hours OPEN

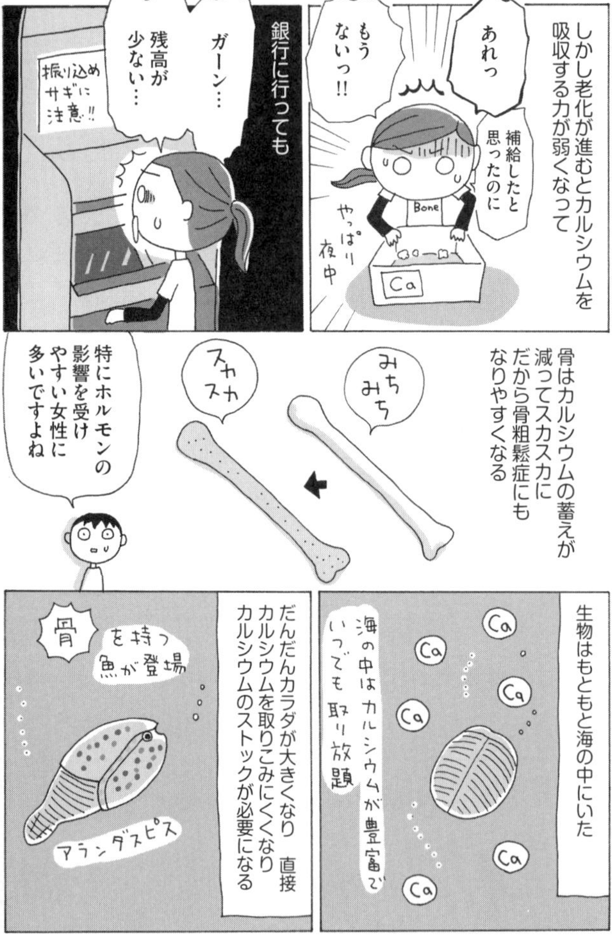

しかし老化が進むとカルシウムを吸収する力が弱くなって
あれっ
もうないっ!!
補給したと思ったのに
やっぱり夜中
Bone
Ca
銀行に行っても
ガーン…
残高が少ない…
振り込めサギに注意!!
骨はカルシウムの蓄えが減ってスカスカにだから骨粗鬆症にもなりやすくなる
みちみち
スカスカ
特にホルモンの影響を受けやすい女性に多いですよね
生物はもともと海の中にいた
海の中はカルシウムが豊富でいつでも取り放題
Ca
だんだんカラダが大きくなり 直接カルシウムを取りこみにくくなりカルシウムのストックが必要になる
骨を持つ魚が登場
アランダスピス

そして生物は陸に上がる
両生類の登場！
ほ乳類が出現し「ヒト」が直立二足歩行をするようになる
背骨がよりがっちりとした形に
その後 骨はカルシウムのストック以外にもカラダを支え 内臓を守り
骨は静かで地味ながらも
大変な仕事をしているんですね
縁の下の力持ち
そして運動器としての仕事も増えた
ビシッ
寿命がのびた今工夫と努力で骨とつき合っていかなくては！
それで打つの？

骨の老化に立ち向かう

ひょっ
ぽわん
え?
お?
な、何してるんですか!?
ビックリしたー
全然痛くないの
そ
何故だかわかる?
そりゃそうですよ ソファーだもの バネも入ってるしクッションもある

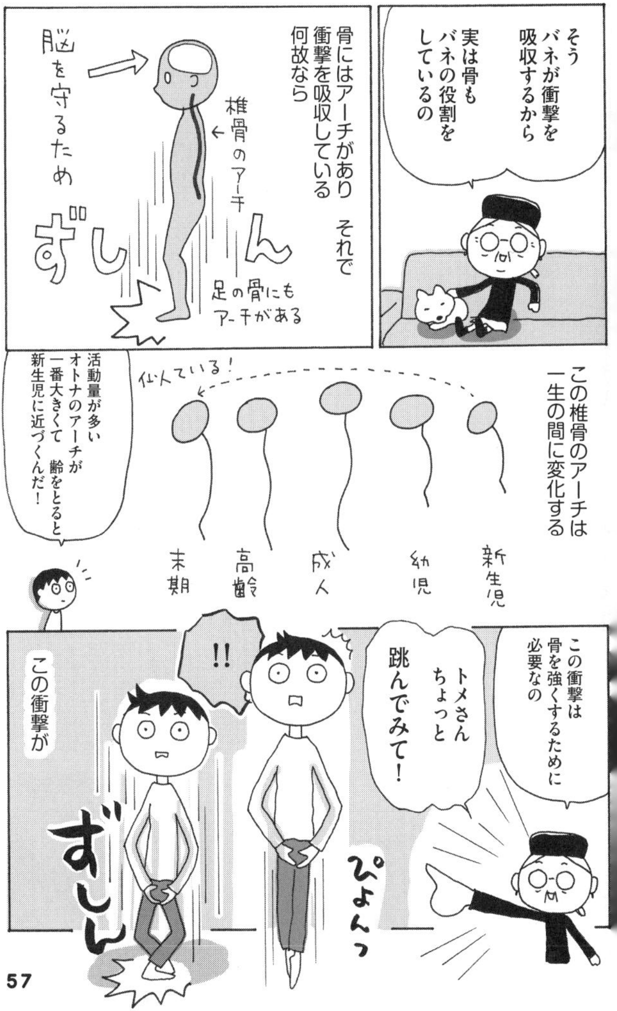

そう
バネが衝撃を
吸収するから
実は骨も
バネの役割を
しているの
骨にはアーチがあり　それで
衝撃を吸収している
何故なら
椎骨のアーチ
脳を守るため
ずしん
足の骨にも
アーチがある
この椎骨のアーチは
一生の間に変化する
似ている!
新生児
幼児
成人
高齢
末期
活動量が多い
オトナのアーチが
一番大きくて　齢をとると
新生児に近づくんだ!
この衝撃は
骨を強くするために
必要なの
トメさん
ちょっと
跳んでみて!
!!
この衝撃が
ずしん
ぴょんっ

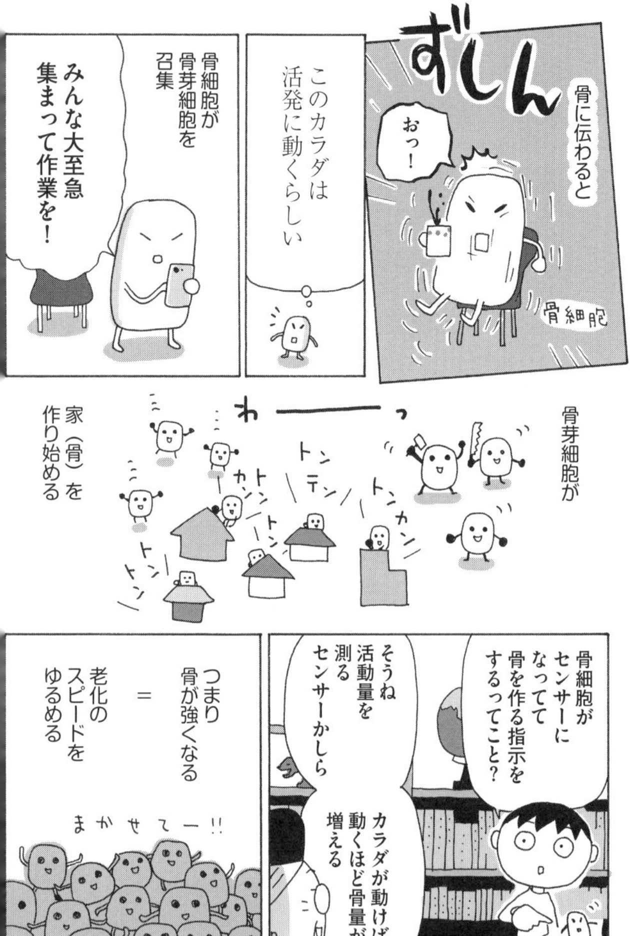

ずしん
骨に伝わると
おっ！
骨細胞
このカラダは活発に動くらしい
骨細胞が骨芽細胞を召集
みんな大至急集まって作業を！
骨芽細胞が
わーーーっ
トンテンカン
トンカン
カトン
トン
トントン
家（骨）を作り始める
骨細胞がセンサーになってて骨を作る指示をするってこと？
そうね活動量を測るセンサーかしら
カラダが動けば動くほど骨量が増える
つまり骨が強くなる
＝
老化のスピードをゆるめる
まかせてー!!

だから若くても一日中ずーっと座っていたら
このカラダあんまり活動しないから骨を作らないでいいか…
だらだら
骨は衰える
こんな報告もあるの
骨量が少ない人がジャンプを1日30分週3回ペースで1年間続けたら
ぴょん
ぴょん
ぴょん
どすん
どすん
どすん
骨量が増えた
もちろん他の運動でもOK
例えば
階段の昇降
歩くだけでも骨に衝撃が伝わるんですね
骨を強くするための1つ目は
とにかく骨細胞に危機感を持たせる!
骨を作らなきゃ!!

※ミズーリ大学のパメラ・ヒントン氏による

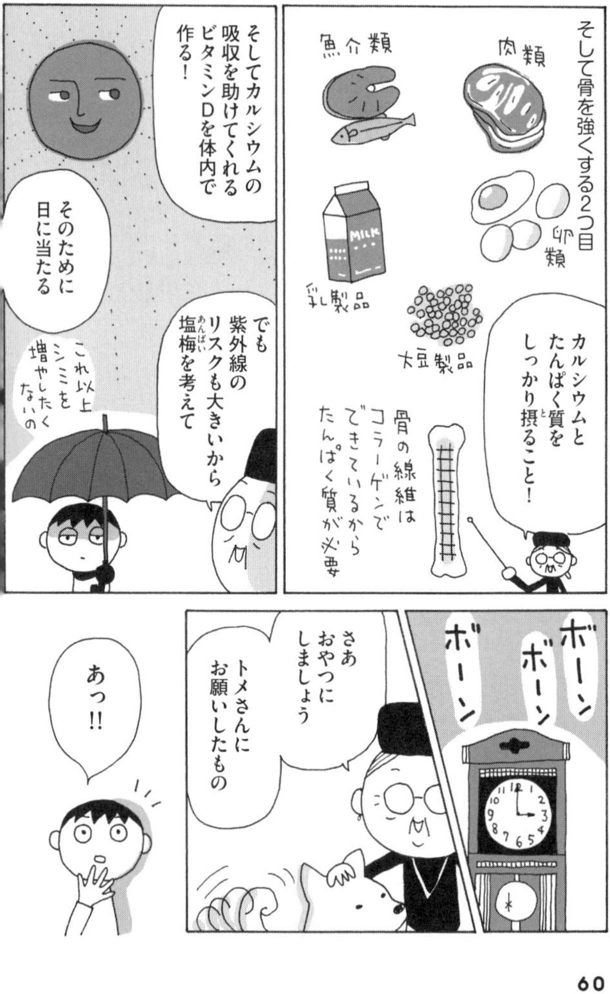
そして骨を強くする2つ目
肉類
魚介類
卵類
乳製品
大豆製品
カルシウムとたんぱく質をしっかり摂《と》ること!
骨の線維はコラーゲンでできているからたんぱく質が必要
そしてカルシウムの吸収を助けてくれるビタミンDを体内で作る!
そのために日に当たる
でも紫外線のリスクも大きいから塩梅《あんばい》を考えて
これ以上シミを増やしたくないの
ボーン
ボーン
ボーン
さあおやつにしましょう
トメさんにお願いしたもの
あっ!!

カルシウムとたんぱく質を摂る
それでチーズと生ハム
EPOISSES
BERTHAUT
FERRARI
BIO
コポコポコポ
ほほほ
トメさんいけるかしら
骨を強くするためにするべきこと
3つ目はストレスをためないこと！
これでストレス解消
骨も強くなる!!

日本酒もいける？
純米

3.

筋肉も齢をとる

筋肉を衰えさせる一番の原因は？

いたた！
歩くと ふくらはぎが 痛い！
筋肉痛だ
原因は おとといの バレエのレッスン
難しいクラス だったんで
いつもより カラダを 酷使した
筋肉痛
翌日にすぐ 出ないよな 2日後とか
これって――
筋肉の 老化
だよね
こんにちはー
入りますよ
アンさん…

わっ!!
ドシン!
アンさん!!
大丈夫!?
今度は何してたんですか!?
ドサッ
後ろ歩き
は!?

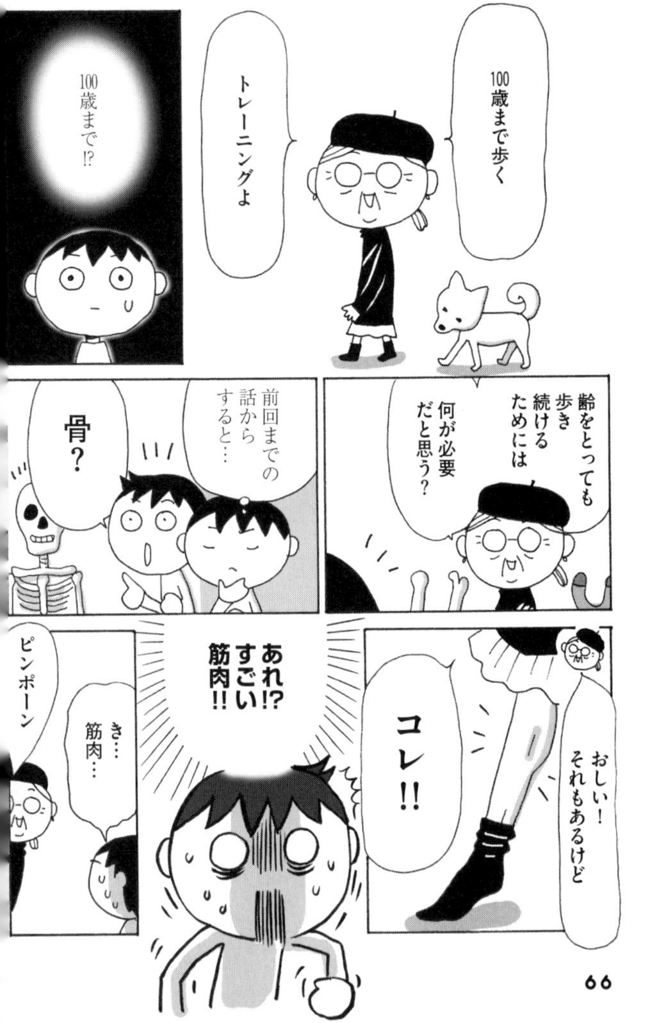
100歳まで歩く
トレーニングよ
100歳まで!?
齢をとっても歩き続けるためには何が必要だと思う?
前回までの話からすると…
骨?
おしい!それもあるけど
コレ!!
あれ!?すごい筋肉!!
き…筋肉…
ピンポーン

やみくもに鍛えているのではなく　歩くのに必要な「大殿筋」「ヒラメ筋」を鍛えているの
後ろに歩くことで前に歩くときの
6倍筋肉を使えるの
大殿筋
ヒラメ筋
バックミラーが必要ですね
筋肉には2種類あるのよ聞いたことある？
速《そっ》筋《きん》
遅《ち》筋《きん》
チキン!?
「遅筋」よ
速筋
カラダの表面近くにあるものが多い
瞬発力がある
持久力がなくすぐ疲れる
柔軟性は乏しい
鍛えるともりもりに
見るからにマッチョ
遅筋
カラダの奥の方にあるものが多い
持久力があって
疲れにくい
柔軟性がある
鍛えてももりもりにならない
かくれマッチョ
速筋＝白い筋肉
遅筋＝赤い筋肉のこと？
そうそう

陸上競技でいうなら
速筋は短距離走
遅筋は長距離走
でもね速筋はケガをしやすいの
中年になって急にスポーツジムで筋トレを始めた人に多いのが
ハリキリ
メタボ対策だ！
腰が痛～
膝が痛～
減
速筋だけを集中的に鍛えるとこうなりやすい
ハッ
私も去年バレエの練習中に！

ジャンプをしようと踏みこんだ瞬間
ふくらはぎが
プツッ
肉ばなれ
全治4週間の
ケガをして
しまった――
肉ばなれをした
※腓《ひ》腹筋《ふくきん》は「速筋」
だったの？
遅筋は日常の動作
立つ　座る　歩く
などに必要な筋肉
立つ
座る
歩く
走る
50歳からは
こちらの筋肉を
中心に鍛えた方が
いいわね
それに遅筋は
脂肪をエネルギー源に
するから
中年太り《メタボ》
対策にもいい
鍛えたら脂肪が
減りますよー
遅筋より
え?!
速筋と遅筋は
カラダの部位に
よって分かれて
いるんですか？
こっち
遅筋
こっち
速筋

※ふくらはぎにある筋肉

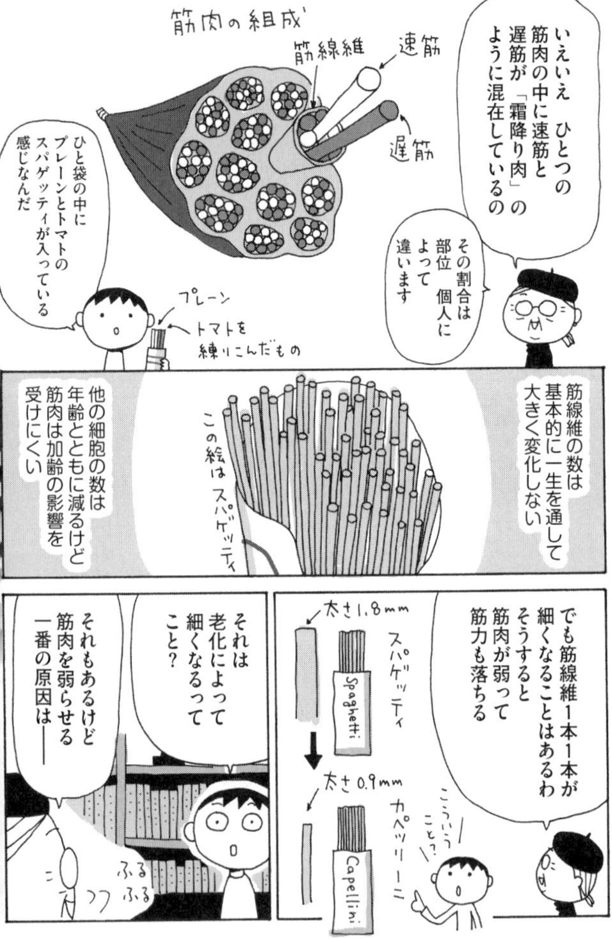

いえいえ ひとつの
筋肉の中に速筋と
遅筋が「霜降り肉」の
ように混在しているの
その割合は
部位 個人に
よって
違います
筋肉の組成
筋線維
速筋
遅筋
ひと袋の中に
プレーンとトマトの
スパゲッティが入っている
感じなんだ
プレーン
トマトを練りこんだもの
筋線維の数は
基本的に一生を通して
大きく変化しない
この絵はスパゲッティ
他の細胞の数は
年齢とともに減るけど
筋肉は加齢の影響を
受けにくい
でも筋線維1本1本が
細くなることはあるわ
そうすると
筋肉が弱って
筋力も落ちる
太さ1.8mm
スパゲッティ
Spaghetti
太さ0.9mm
カペッリーニ
Capellini
こういうこと?
それは
老化によって
細くなるって
こと?
それもあるけど
筋肉を弱らせる
一番の原因は——
ふる
ふる

使わないこと
つまり
運動不足
動かさないと
筋線維は細くなり
隣の筋線維とくっつき
縮んだままになる
イメージ
すると
乳酸が
たまりやすく
すぐ疲れる
立っていても
座っていても
歩いていても　すぐ
疲れた～～
っていう人は――
年齢うんぬん
の前に
日頃　筋肉を
使っているかを
考えて～
こんなケースも
多い
学生のころは
ガチサッカー
やってて
インターハイにも
行ったよ！
45歳男性
でもここ数十年
忙しくて
まったく運動
してないなー

体力がなくなり　体形も崩れ
ドタドタ
はぁはぁ
昔は走るの速かったんだけど
おかしいなー
ぜーっぜーっ
はあはあ
筋肉は動かさないと縮むのです
いくら昔たくさん動いて筋肉を鍛えていたとしても
筋肉銀行
わぁ
いつのまに
残高0!!
ってか最初から
筋肉の貯金はできない――
筋肉に「過去」はないの
あるのは「今」のみ
今
フフフ
私の人生みたい
もしかしてアンさんって服の下はマッチョ!?
腹が割れてたりして

筋肉を呼び覚ませ！

スルメを焼くと
丸くなる
ジジジジジ
おいしそ〜
人間もね
こんな風にカラダが丸くなるの
スルメにはマヨネーズ＋一味唐辛子がいいわね
一味
もともと人間には危険に出遭うと
身を縮める「逃避反射」があって素早くカラダを縮めることができる筋肉が強い

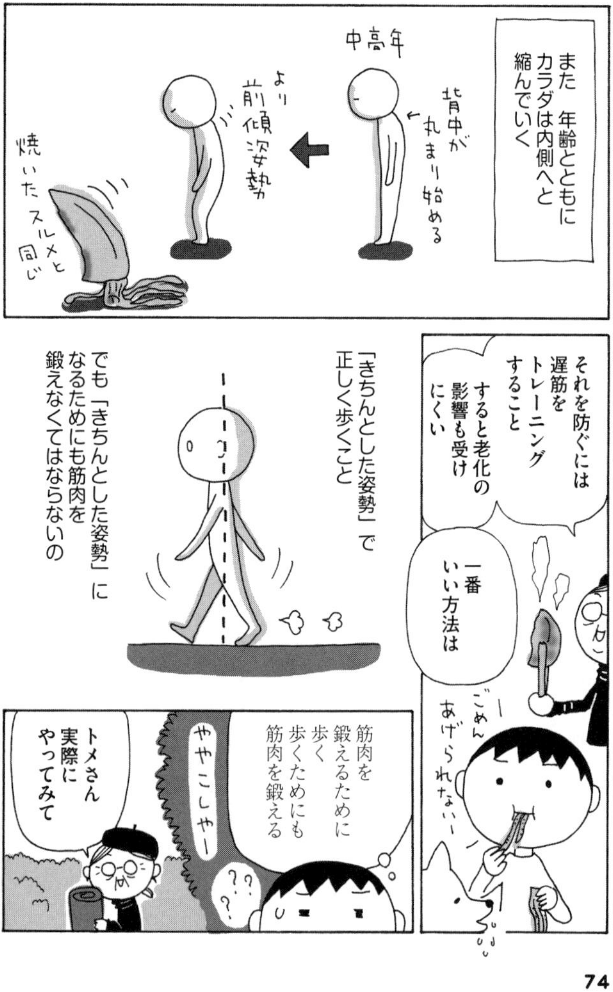

また 年齢とともに カラダは内側へと 縮んでいく
中高年
背中が丸まり始める
より前傾姿勢
焼いたスルメと同じ
それを防ぐには 遅筋を トレーニング すること
すると老化の 影響も受け にくい
一番 いい方法は
ごめん あげられないー
「きちんとした姿勢」で 正しく歩くこと
でも「きちんとした姿勢」に なるためにも筋肉を 鍛えなくてはならないの
筋肉を 鍛えるために 歩く 歩くためにも 筋肉を鍛える
ややこしやー
??
トメさん 実際に やってみて

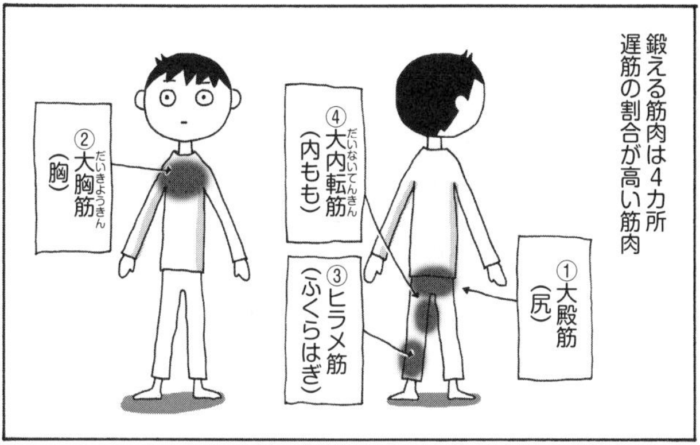
鍛える筋肉は4カ所
遅筋の割合が高い筋肉
①大殿筋
(尻)
④大内転筋《だいないてんきん》
(内もも)
③ヒラメ筋
(ふくらはぎ)
②大胸筋《だいきょうきん》
(胸)

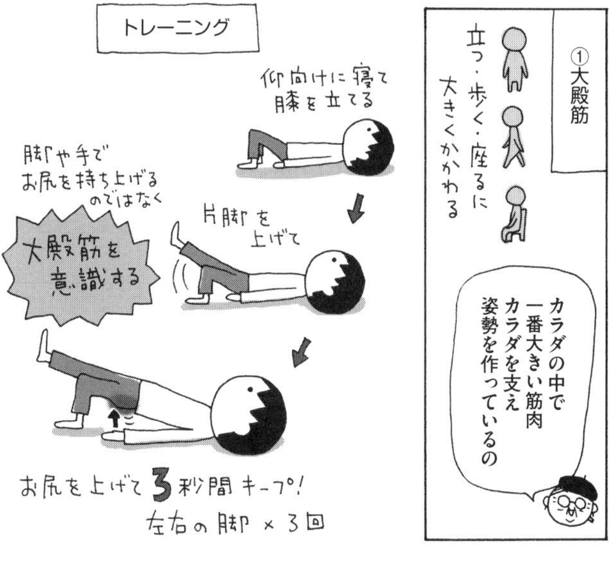
①大殿筋
立つ・歩く・座るに
大きくかかわる
カラダの中で
一番大きい筋肉
カラダを支え
姿勢を作っているの
トレーニング
仰向けに寝て
膝を立てる
片脚を
上げて
脚や手で
お尻を持ち上げる
のではなく
大殿筋を
意識する
お尻を上げて3秒間キープ!
左右の脚×3回

左右の膝をくっつけると大内転筋にもきくぅー
プルプルプル
大殿筋が弱ってくると腰痛を引き起こすこともある
大殿筋あなどれない
②大胸筋
日常生活では大胸筋が縮んだ状態が多いので特に注意!
特にスマホを見ているとき
気を抜いたとき
背中が丸くなる
大胸筋弱い
背中がピンとしている
大胸筋強い
トレーニング
立って合掌
肩はリラックス
手や肩の筋肉に力を入れるのではなく
大胸筋を意識する
むぎゅう
ぐっ
左右から手のひらを押し合う
5秒間キープ!
×3回
バストアップにいいかも

③ヒラメ筋
ふくらはぎの奥にある
歩くときに最後に
地面を押し出す
遅筋が多い筋肉よ
ヒラメなのにチキン…
ヒラメ筋が弱っていると
たくさん歩いたときに
膝の裏が痛くなる
ヒラメ筋のかわりに
他の速筋を使うから
ヒラメ筋のトレーニング
壁に両手をつき
かかとを上げて
大きくつま先立ち
3秒間キープ！
指のつけ根まで
しっかり上げる
ヒラメ筋を意識する
かかとを下ろす ×5回
脚がスッキリした
美脚になるかも〜

④大内転筋
内ももの筋肉
片脚で立つとき
骨盤を安定させるの
弱ってくると
歩くのが遅くなる
大内転筋のトレーニング
硬めの枕
or
座ぶとん2つ折り
or
クッション
膝頭のあたりにはさむ
左右から脚でつぶす
ぐっ
ぎゅう
×3~5回
大内転筋を意識する
太ももにきいてる
細くなったらいいなー
終わったら全身を伸ばす
キモチいい～
ギュイーーン
何か筋肉たちが活性化した気がする!!
準備OK!
やるぜ
ザワザワ
イェーイ
筋肉が起きたわね
じゃあきちんと立って歩いてみましょう

正しい立ち方、歩き方で筋肉を鍛える

齢を重ねると筋肉が
縮んでだんだん姿勢が
崩れてくる
前傾姿勢（ねこ背）
そった姿勢
立っているだけで疲れる
また膝痛　腰痛を
引き起こしてしまうことも
いい姿勢で立つ！
一直線！
耳たぶの後ろ
肩
肩の力を抜く
大殿筋
下腹部に力を入れる
土踏まず（立ち骨）
ポイントは
大殿筋を意識して
肛門を締めて立つ！
壁に背中をつけて立つと
自分の姿勢の崩れがわかる！
気を抜くと
背中と
壁に
スキ間が!!
背中とお尻が
ピッタリ壁に
くっつくのが理想
いい姿勢で立っていると
すっごい筋肉使う～
さっきトレーニングした筋肉
総動員だな～
ぷるぷる
ぷるぷる

でも
くり返し
使えば
慣れる
わよ
アンさんは
いいよね
見てるばっかり…
ホッホッホッ
私はもう
充分なのよ
やっぱり服の下は
マッチョ!?
さぁいい姿勢で
歩きましょう
膝を伸ばして
①意識して
かかとから
着地
②拇趾球で
しっかり地面を
押して
拇趾球
(親指のつけ根)
③膝が伸びる
④拇趾球でしっかり
蹴り出す

図解
正しい歩き方
背筋を伸ばす
拇趾球でしっかり地面を押して蹴り出す
腕は自然に振る
歩幅は大股ではなく自然な幅で
かかとから着地
かかとをしっかりつけて拇趾球《ぼしきゅう》でしっかり地面を蹴り出せればOK！
そうすれば膝も自然に伸びてくるでしょ
膝
ホントだ
いい姿勢で正しく歩くと疲れないのよ
何で？
遅筋を使うから
遅筋は疲れにくいのよ
好循環
全然へっちゃら
重心移動がスムーズ
がしがし歩ける
筋肉がどんどん鍛えられる

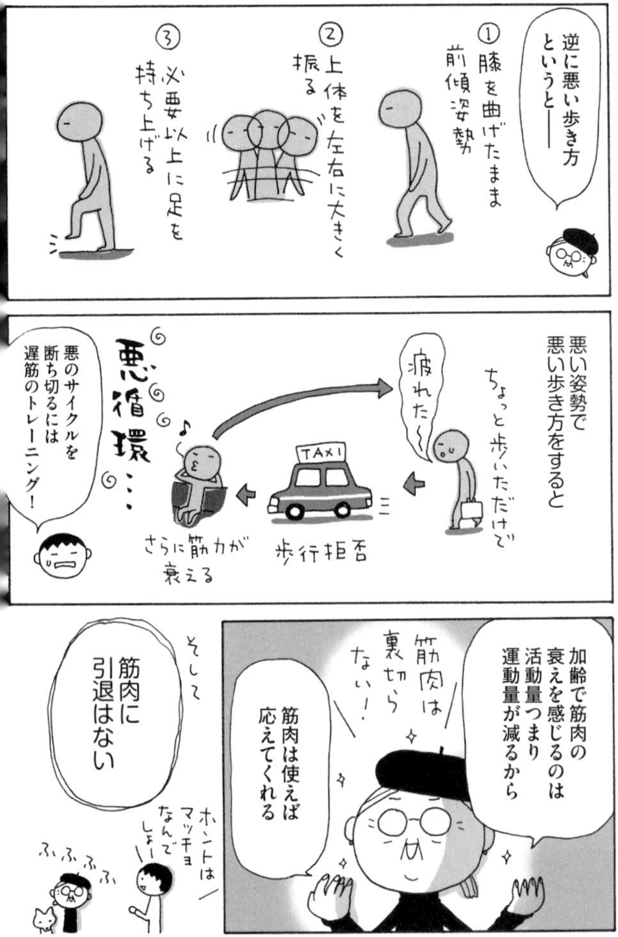

逆に悪い歩き方というと――
①膝を曲げたまま前傾姿勢
②上体を左右に大きく振る
③必要以上に足を持ち上げる
悪い姿勢で悪い歩き方をすると
ちょっと歩いただけで
疲れた～
TAXI
歩行拒否
さらに筋力が衰える
悪循環…
悪のサイクルを断ち切るには遅筋のトレーニング!
加齢で筋肉の衰えを感じるのは活動量つまり運動量が減るから
筋肉は裏切らない!
筋肉は使えば応えてくれる
そして
筋肉に引退はない
ホントはマッチョなんでしょー
ふふふふ

アンさんちのキッチンにて
ハーブティーのうしろにプロテイン!!
やっぱり…

4.

感情も齢をとる

涙もろくなるにはワケがある

老化で感情のコントロールが
できなくなってきた？

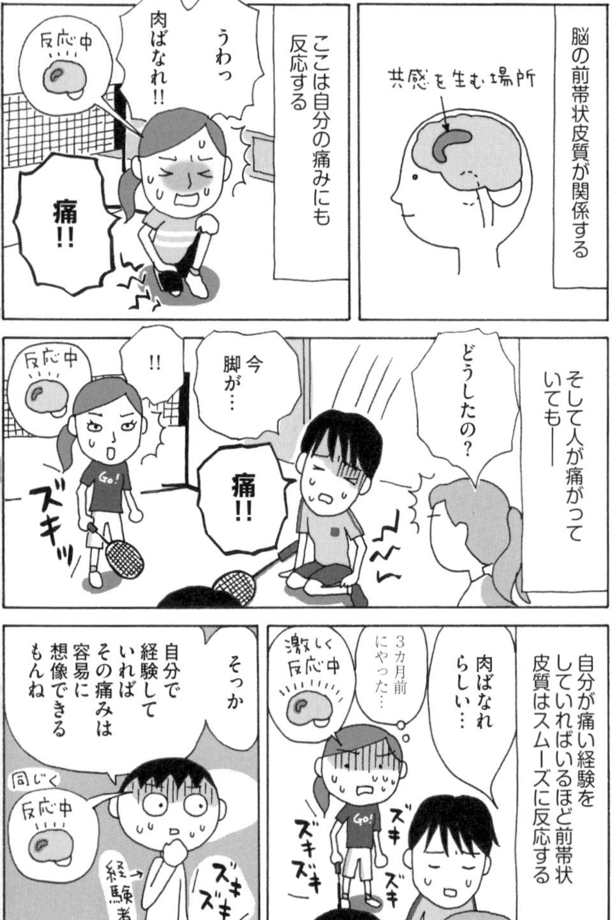
脳の前帯状皮質が関係する
共感を生む場所
ここは自分の痛みにも反応する
うわっ 肉ばなれ!!
反応中
痛!!
そして人が痛がっていても――
どうしたの?
今脚が…
痛!!
!!
反応中
ズキッ
自分が痛い経験をしていればいるほど前帯状皮質はスムーズに反応する
肉ばなれらしい…
3カ月前にやった…
激しく反応中
ズキズキ
ズキ
ズキ
そっか
自分で経験していればその痛みは容易に想像できるもんね
同じく
反応中
経験者
ズキズキ

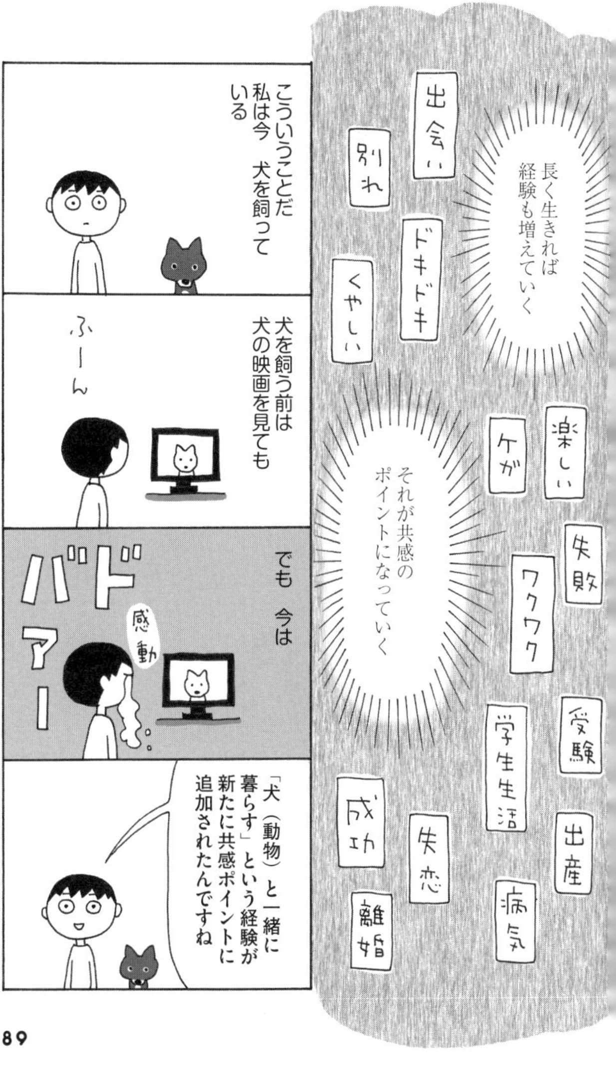
長く生きれば
経験も増えていく
出会い
別れ
ドキドキ
くやしい
それが共感の
ポイントになっていく
楽しい
ケガ
失敗
ワクワク
受験
学生生活
出産
病気
失恋
成功
離婚
こういうことだ
私は今　犬を飼っている
犬を飼う前は
犬の映画を見ても
ふーん
でも　今は
バドアー
感動
「犬（動物）と一緒に暮らす」という経験が
新たに共感ポイントに
追加されたんですね

共感ポイントが増えると
より共感しやすくなる
あ わかる わかる
hit
hit
それもわかる!!
hit
共感ポイント
hit
その副産物として「泣く」があるのだ
だから涙もろくなるんだ
そしてこの共感力は人間だけのものなの
人間の特権って言っていいかも
他人のストーリーを聞いて泣ける
だから小説や映画などのエンターテインメントを楽しめるのね
ん? これは共感とは違うのよね?
おいしそ〜
じーっ

共感するときって
初めにココロに
何かフックの
ようなものが
引っかかって
そのフックに
ぐっと
引っ張られる
ぐっ
その共感した人と
カラダは別なんだけど
キモチが
一瞬一体化したような
感覚になるんです
ふふ 一体化はね
赤ちゃんを
並んで寝かせて
おくと
ひとり泣いたら
ふぎゃ
ふぎゃー
びくっ
ふぎゃー
わー
わー
わー
わー
わー
わー
わー
またたくまに
みんな泣きだしちゃう

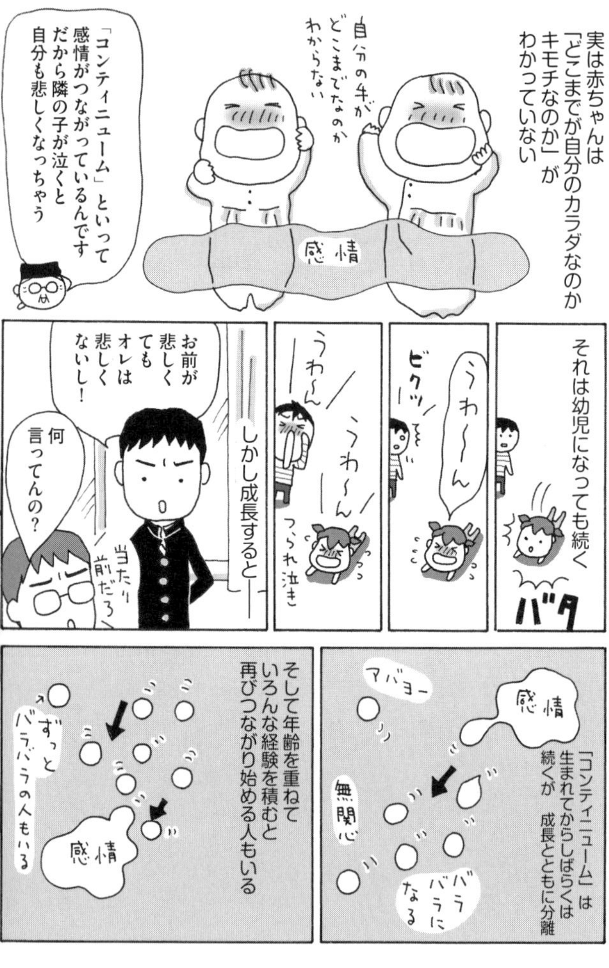
実は赤ちゃんは
「どこまでが自分のカラダなのか
キモチなのか」が
わかっていない
自分の手が
どこまでなのか
わからない
感情
「コンティニューム」といって
感情がつながっているんです
だから隣の子が泣くと
自分も悲しくなっちゃう
それは幼児になっても続く
バタ
うわ～ん
ビクッ
うわ～ん
うわ～ん
つられ泣き
しかし成長すると――
お前が
悲しく
ても
オレは
悲しく
ないし！
当たり前だろ
何
言ってんの？
「コンティニューム」は
生まれてからしばらくは
続くが　成長とともに分離
感情
アバヨー
無関心
バラバラになる
そして年齢を重ねて
いろんな経験を積むと
再びつながり始める人もいる
ずっとバラバラの人もいる
感情

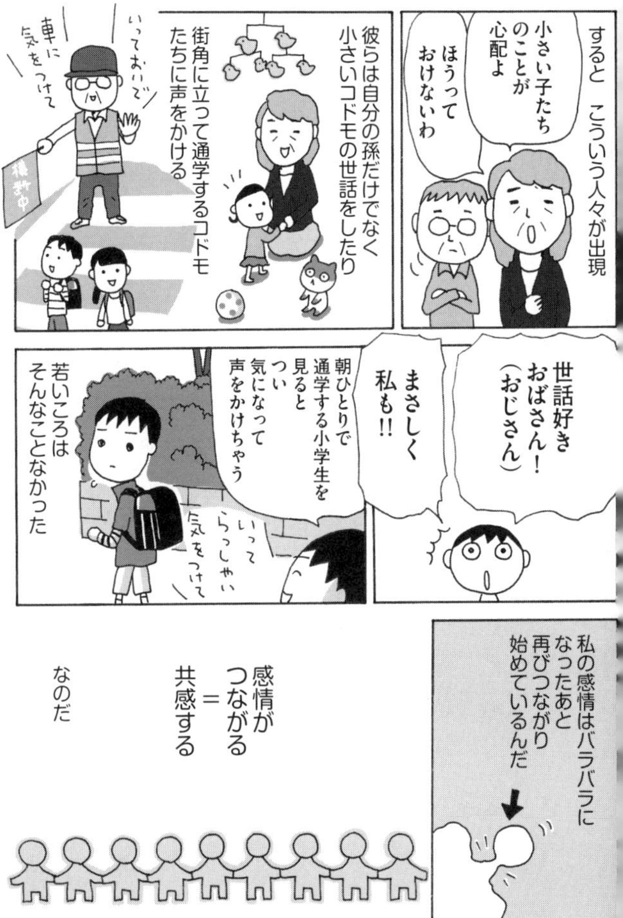
すると　こういう人々が出現
小さい子たちのことが心配よ
ほうっておけないわ
彼らは自分の孫だけでなく小さいコドモの世話をしたり
街角に立って通学するコドモたちに声をかける
車に気をつけて
いっておいでッ
世話好きおばさん！（おじさん）
まさしく私も!!
朝ひとりで通学する小学生を見るとつい気になって声をかけちゃう
いってらっしゃい
気をつけて
若いころはそんなことなかった
私の感情はバラバラになったあと再びつながり始めているんだ
感情がつながる
＝
共感する
なのだ

齢をとると脳は活性化する!?

前頭葉は大脳の前方にある
前頭葉
考えたことを実行する
決めたことをやりとげる
コミュニケーションをとる
感情をコントロール
働きは大きい
だから「最高司令塔」と考えられている
「アフェクティブエンパシー」を知る前は
前頭葉が衰えて感情のコントロールができなくなるから
このあたりか
涙もろくなるんだと思ってました
確かにそれもあるわ
神経細胞の数はそんなに変わらないけど前頭葉の動きは鈍ってきます
だから高齢者のこうした事故が起こる
ブレーキとアクセルを踏み間違い
高速道路を逆走

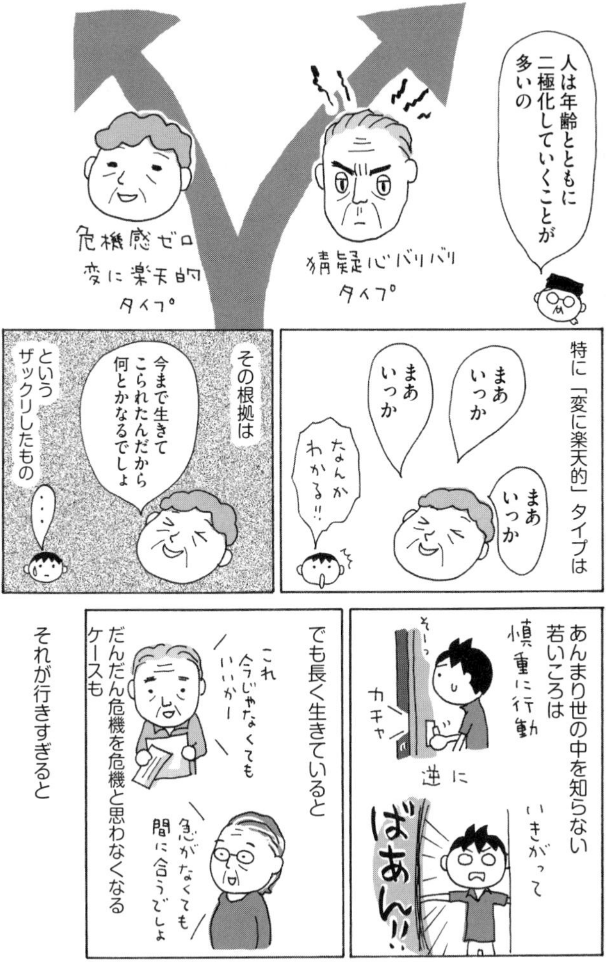
人は年齢とともに二極化していくことが多いの
猜疑心バリバリタイプ
危機感ゼロ変に楽天的タイプ
特に「変に楽天的」タイプは
まあいっか
まあいっか
まあいっか
なんかわかる!!
その根拠は
今まで生きてこられたんだから何とかなるでしょ
というザックリしたもの
…
あんまり世の中を知らない若いころは
慎重に行動
そーっ
カチャ
逆に
いきがって
ばあん!!
でも長く生きていると
これ今じゃなくてもいいかー
急がなくても間に合うでしょ
だんだん危機を危機と思わなくなるケースも
それが行きすぎると

だまされてしまうことも!
オレオレ 孫だよ おばーちゃん
高額商品を売りつけられる
これも判断力が落ちてるってことですよね
そう 実は脳の「ブレーキ」と「アクセル」のバランスの問題なの
ブレーキ?
車とかのブレーキとはちょっと違うんだけど
車は
ブレーキ
ぐっ
アクセル
or
どちらかを踏む
人間の脳は
ブレーキ
ぐっ
アクセル
ぐっ
and
同時に両方踏む
脳は興奮しなきゃいけないときはアクセルを踏む そして必ずブレーキも踏みこむ
それで脳の活動のバランスをとっているの

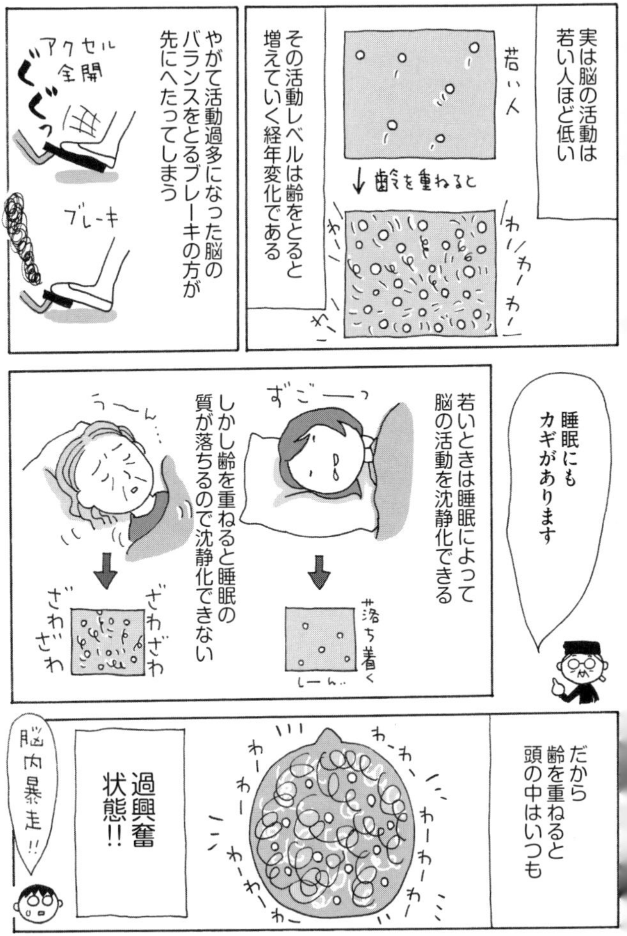
実は脳の活動は若い人ほど低い
若い人
齢を重ねると
わーわーわー
わー
その活動レベルは齢をとると増えていく経年変化である
やがて活動過多になった脳のバランスをとるブレーキの方が先にへたってしまう
アクセル全開
ぐぐっ
ブレーキ
睡眠にもカギがあります
若いときは睡眠によって脳の活動を沈静化できる
ずごーーっ
落ち着く
しーん…
しかし齢を重ねると睡眠の質が落ちるので沈静化できない
うーん…
ざわざわ
ざわざわ
だから齢を重ねると頭の中はいつも
わーわー
わー
わー
わーわー
わーわーわー
過興奮状態!!
脳内暴走!!

では問題
このカギ
AとBの部屋
どちらが探しやすい？
A
B
整理整とんされた部屋
＝
脳の活動が低い
(若い人)
とっちらかった部屋
＝
脳が過興奮
(齢をとった人)
A
A
活動が低く
沈静化しているから
ちょっとした変化に
気づく
見つけた！
B
過興奮だと
ちょっとした変化に
気づきづらい
どこにあるの？
よって
答え：A
だから
あれ？
今 何か
あった⁉
見落としや不注意が
増える
とっちらかった
部屋を片づけたり
ブレーキをかえたり
はできないんですか？
「過去」と
同じで
手をつけられ
ないの

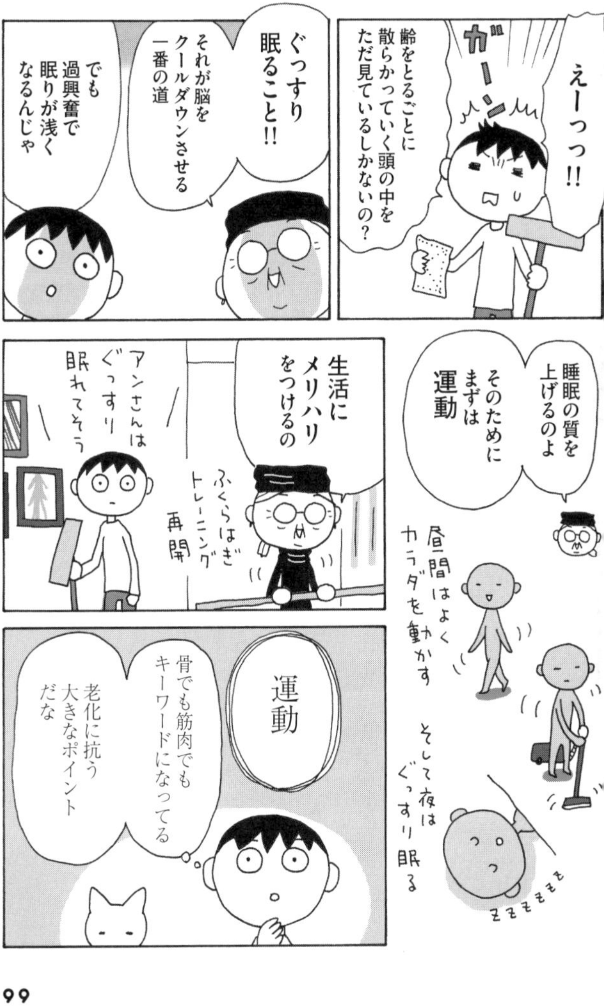
えーっっ!!
ガーン
齢をとるごとに散らかっていく頭の中をただ見ているしかないの?
ぐっすり眠ること!!
それが脳をクールダウンさせる一番の道
でも過興奮で眠りが浅くなるんじゃ
睡眠の質を上げるのよ
そのためにまずは運動
昼間はよくカラダを動かす
そして夜はぐっすり眠る
zzzzzz
生活にメリハリをつけるの
ふくらはぎトレーニング再開
アンさんはぐっすり眠れてそう
運動
骨でも筋肉でもキーワードになってる
老化に抗う大きなポイントだな

老化すると性格は5つのタイプに分かれる?

高齢者の個性の分類

アメリカの心理学者スザンヌ・ライチャード（Suzanne Reichard）氏による

1. 適応型 円熟型
自らの老いを自覚しながらも、それによって活動意欲を低下させることがないタイプ。過去の自分を後悔することなく受け入れ、未来に対しても現実的な展望を持っている。スマホのような新しい技術も、面白がって使えるようになる。

2. 適応型 安楽椅子型（依存型）
受身的に、消極的に老いを受け入れるタイプ。後は皆にまかせて、自分はのんびりという具合に、他人に依存しながら「気楽な隠居」であることを求める。スマホのような新しい技術も、それが自分を楽にさせる便利なものであることが理解できれば、使いこなせる。

3. 適応型 装甲型（自己防衛型）
老いへの不安と恐怖から、トレーニングなどを積極的に行い、強い防衛的態度をとるタイプ。何とか若いときの生活水準を守ろうとする。スマホのような新しい技術も、使いこなせないと恥ずかしいという心理から、受け入れようとする。

4. 不適応型 自責型（内罰型）
過去の人生全体を失敗とみなし、その原因が自分にあると考え、愚痴と後悔をくり返すタイプ。典型的なのは、仕事に一生懸命だった反面、家族をかえりみず、現在は家族から相手にされない状況にあることを嘆くような高齢者。うつ病になりやすい。新しい技術にも適応しようとしない。

5. 不適応型 攻撃憤慨型（外罰型）
自分の過去のみならず、老化そのものも受け入れることができないタイプ。過去を失敗とみなし、その原因を自分ではなく、環境や他者のせいとして責任転嫁する。不平や不満が多く、周囲に対しても攻撃的にあたり散らすため、トラブルを起こす。高齢者として他者から親切にされても、それをポジティブに受け入れられない。

https://kaigolab.com/column/2088 より改変

こんなこともできる♪
面白がって使いこなす
1は「村の長老」タイプね
あら便利ねー
「自分を楽にさせる便利なもの」と理解できると使いこなせる
自撮り!
「使いこなせないと恥ずかしい」と思って使う
オレには関係ない…
拒否
何だこんなもんっ!!
拒否
4、5に関してはまわりの対応も難しいわね
ガンコじじい

タイプ5のせいで「老害」なんてコトバで高齢者をひっくるめられちゃうのよね
タイプ1、2、3だってたくさんいるのに
できることならタイプ1になりたいけど
長老タイプ
おだやか〜
前向き〜
自分の努力で性格が何とかなるのかな
自分を客観的に見ること!
そうすると自分の傾向がわかるわ
でもそれが難しくなるのが老化
克服するポイントは意識的に
いろんな人の話を聞くこと
コドモ
孫
友人
パートナー
自分の価値観だけの世界にこもらないってことですね
人の話を聞けるようますます脳を沈静化させなきゃ
CLOSED

それにしても　私
タイプ3の
「適応型　装甲型」
そのまんま！
バレエの練習中
若い子たちを見て
いると自分もできる
錯覚におちいって
一緒のペースで
練習・練習・練習
ぴょん
ぴょん
ぴょん
そのあげ句──
ふくらはぎ
肉ばなれ
自分の老化を
受け入れられなくて
丸くもなりたくないし
ひたすら動いちゃうっ
あら
いいじゃない
ムリに受け入れ
なくても

！
トライすることはいくつになっても大切なことだし
自分を限界まで追いこんだら自分が広がるかもしれないでしょ
この先何があるんだろう？
← 自分の限界
でも限界の先は
わっ
段差!?
落ちるっ
もしくは
わーっ
滑る!!
ズザーッ
でもセーフ
カラダのダメージは若いころよりも大きい復帰するにも時間がかかるかもしれない
確かに大きなダメージを受けました
肉ばなれ全治4週間
それであきらめるのもひとつの道だし
まだ続ける情熱があればケガの再発防止を真剣に考えるでしょ

そうやって「老い」を体感するたびに
自分とちょっとずつ折り合いをつけていけばいいんじゃない？
折り合い…
アンさんも痛い目に合いながら老いと向かい合ってきた…？
あ そろそろ出かけなきゃ
今日はこれでおひらき
こんな時間からどこへ？
マージャン
ソワソワウキウキ
へ
私はこれで自分を限界に追いこむのよー
痛い目に合うの？痛い目に合わすの？

翌日――
ピンポーン
出ない
アンさん
失礼しますよー
また
何か
やってる?
え?

ふぁ〜
。。。
のび〜〜っ
もー
ビックリしました！
来たらアンさん
床の上に倒れて
いるから
ホントに救急車を
呼ぼうかと——
ぐーっ
ぐーっ
ぐーっ
むにゃ
むにゃ
眠っている
だけ!?
ふふふ
久々のマージャンに
夢中になっちゃったら
夜が明けちゃって…
でも
勝ったわ!!
グッ
心配無用だった
水どうぞ
コトン

水…
私――
50歳のとき大きな病気をしたの
50歳…
私は戦争で運よく生き残った生かされたと思った
だから人につくせる仕事をしたいと思って医者になったの
学生のころのアンさん
猛勉強
それからは医者として120%の力でつっ走った
治療方針で人ともよくぶつかった
仕事をしていないときは
ジャラジャラジャラ

すごく充実
していた反面
生かされている
この命
心のどこかで
このまま死んでも
いいと思ってた
衰えていく自分は
見たくない
でも50の大台に
近づくと自分の
カラダにも
さまざまな
変化が
はぁ–
疲れが
取れないな…
でもその自分の老化を
見て見ないふりをしていた
ふたをするために
さらに忙しく仕事をした
ある日——
大変だ
医者を
呼べ！
病室で目が覚めたとき
水が入ったコップが
目に入ったの
キレイ…
キラキラ光を反射して
コップに入った水って
こんなにキレイだったんだ

こくこくこく
生きたい!!
生活を変えよう
不思議なことに
その病気をきっかけに
今まで目に入らなかったものが
気になるように
新緑ってキレイ…
さらに
自分の「生物」としての
変化に興味がわきだした
髪が細くなってきた
涙もろくなってきた
歴史に興味が出てきた
どんどん変化する
それから「老化」に
向き合うように
研究や勉強を
精力的に始めたの
気がつけばこの齢
こんなに
長く生きるとは
思わなかったわ
私は自分が一番いい時期で
終わった方がいいんじゃ
ないかと
時々思います——

※江戸時代の儒学者。もともと病弱だったが83歳まで生きた

齢とってもいいことあるのかな…
……
『養生訓』を書いた※貝原益軒《かいばらえきけん》が言ったわ
「長く生きていると楽しみが増えるだから長生きしなさい」と
自分の最盛期がいつだったのかなんて人生が終わるまでわからない　これからかもしれないし
ピク
大丈夫よトメさん
やることやって安心して齢をとりなさい
別のステージからの景色を期待して
まだ寝ます

ホントに
眠っちゃった
ぐ
カタン
カラカラカラカラ
違う
景色か…

あー よく眠った!!

5.

さぁ、50歳からの人生を作ろう!

ココロとカラダは一体

サイトーさん
仕事終わったらごはん行かない？
え⁉
ごめんなさい用事があってーまた誘って
了解！お疲れさまー
でも次もーー
ごめんなさいー
またね
次もーー
ごめんなさいー
はーい
やがて
もう声かけなくていいよねー
どうせ断るだろうし
カラダからのサインもこんな感じ〜
何食べてるんですか？
カラダは何か外や中から変化があるとそれに対応してサインを送ってくるの
クコの実よスーパーフード

カラダからのサイン…？
杏仁豆腐にのってるのだー
「悲鳴」とも言えるわね
具体的には
頭痛
肩こり
腰痛
疲れがとれない
目のかすみ
胃もたれ
便秘
カラダが「何か手を打って!!」と言っているの
いや これらって日常茶飯事なんだけど…
ちょっとした不調っていうの
私も50歳のときそう思ってたの
最近疲れがとれない忙しいからかな
気合いを入れよう！
カラダからのサインを無視した
カラダは黙ってしまった
いえ 私がもうそのサインに対してマヒしていたのかも
そしてついに――
バッタリ！
自分のカラダのサインを聞けるのは自分だけ
それに気がついたのは
倒れたあと漢方を知ったとき

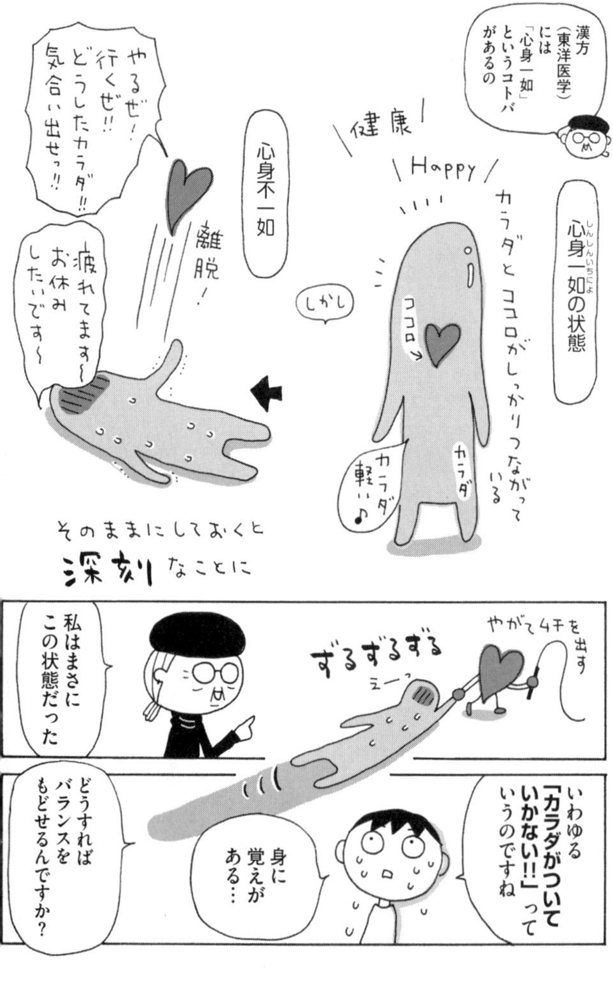
漢方（東洋医学）には「心身一如」というコトバがあるの
健康
Happy
心身一如《しんしんいちにょ》の状態
カラダとココロがしっかりつながっている
ココロ
カラダ
カラダ軽い♪
しかし
心身不一如
離脱！
やるぜ！行くぜ!! どうしたカラダ!! 気合い出せっ!!
疲れてます〜お休みしたいです〜
そのままにしておくと
深刻なことに
やがてムチを出す
ずるずるずる
ズーッ
私はまさにこの状態だった
いわゆる「カラダがついていかない!!」っていうのですね
身に覚えがある…
どうすればバランスをもどせるんですか？

養生よ！
ずーっと寝とけってこと？
違うわ
養生には2つの意味があるの
◎養生
1.病後体力が回復するまで安静にすること
2 生活習慣に気を配って健康を維持すること
こっちよ
貝原益軒の『養生訓』に養生の重要性が書かれているの
治療よりも養生が上策
「養生せずに病気になってから薬を服用したりするのは下策である」という意味
『養生訓』は約300年前に書かれたものですよね？
今と環境はまったく違うと思うんですけど
確かにストレスは増えてるんじゃない？
病名がつかない「不調」は今の方が多いかも
これを見て

ホルモンの分泌量の変化

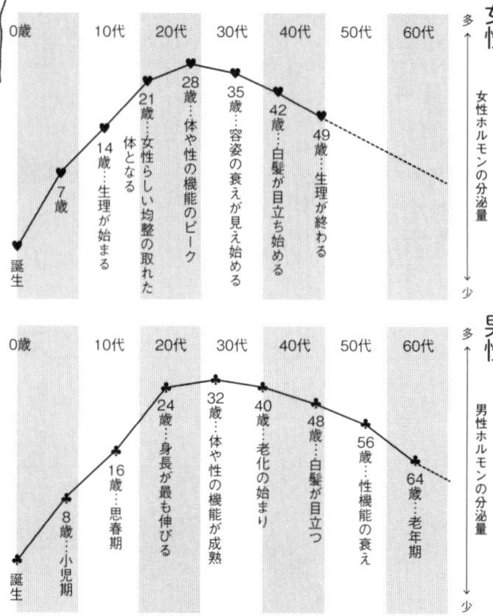

女性
多
少
女性ホルモンの分泌量
0歳
10代
20代
30代
40代
50代
60代
誕生
7歳
14歳…生理が始まる
21歳…女性らしい均整の取れた体となる
28歳…体や性の機能のピーク
35歳…容姿の衰えが見え始める
42歳…白髪が目立ち始める
49歳…生理が終わる
男性
多
少
男性ホルモンの分泌量
0歳
10代
20代
30代
40代
50代
60代
誕生
8歳…小児期
16歳…思春期
24歳…身長が最も伸びる
32歳…体や性の機能が成熟
40歳…老化の始まり
48歳…白髪が目立つ
56歳…性機能の衰え
64歳…老年期

※『漢方の知恵でポジティブ・エイジング』（木村容子著）より

ピークは28歳!!

女性は7年周期
男性は8年周期
で変化するの

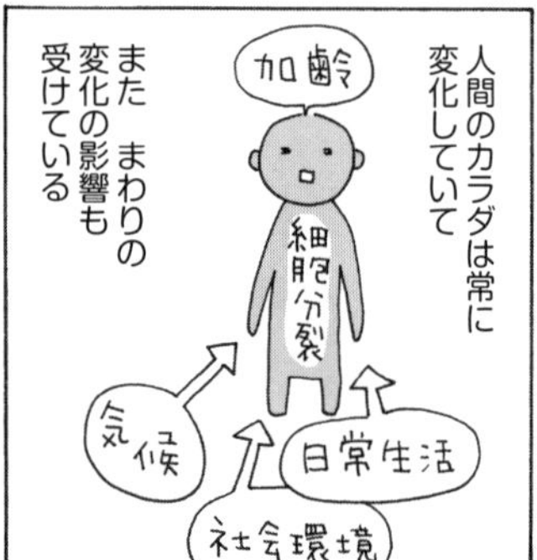

人間のカラダは常に変化していて
加齢
細胞分裂
またまわりの変化の影響も受けている
気候
日常生活
社会環境

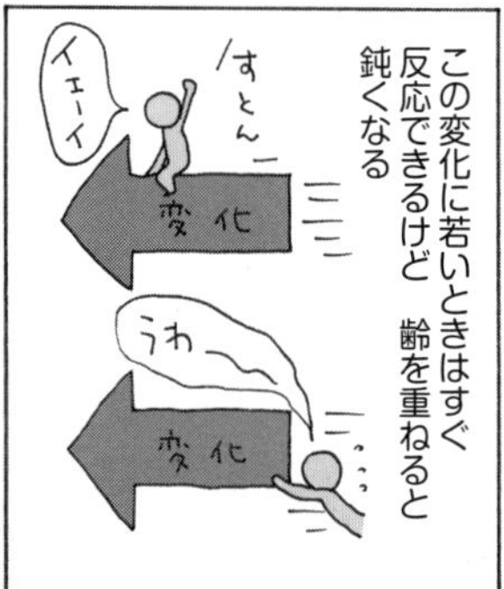

この変化に若いときはすぐ反応できるけど齢を重ねると鈍くなる
すとん
イェーイ
変化
うわ
変化

変化についていけないから不調が出るんですね
そしてその不調に積極的に向き合うのが
養生
今だから言える50歳の私に
自分への過信と甘えが体調を崩す
老化するカラダに養生は有効
養生がこの傾斜をなだらかにする
頂上
28歳
そう老化のスピードをゆるめるの
下ル
上ル
傾斜は人によって違うんだ
ズザー
骨・筋肉・脳で正しく老化に抗う
不調を放っておかない
養生することは積極的に齢をとることよ
養生
それがアンさんの言う
「やるべきことをやる」ってこと!?
ぐっ

カラダからのサインを受け止めて

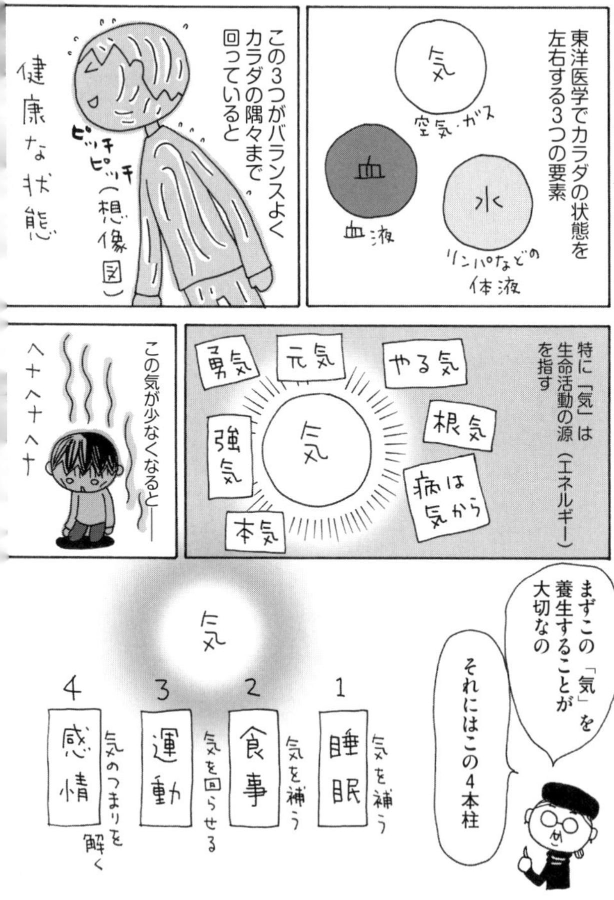
東洋医学でカラダの状態を左右する3つの要素
気
空気・ガス
血
血液
水
リンパなどの体液
この3つがバランスよくカラダの隅々まで回っていると
健康な状態
ピッチピッチ
(想像図)
特に「気」は生命活動の源(エネルギー)を指す
気
やる気
元気
勇気
根気
強気
病は気から
本気
この気が少なくなると——
ヘナヘナヘナ
まずこの「気」を養生することが大切なの
それにはこの4本柱
気
1
睡眠
気を補う
2
食事
気を補う
3
運動
気を回らせる
4
感情
気のつまりを解く

この4本柱「骨」「筋肉」「脳」にも大切なこととして取り上げてきましたよね
そう 実はこの4本柱の養生
テロメアを長くすると言われていることと同じなの
テロメア
テロメアが長くなる＝細胞分裂の回数が増えるってことは
細胞が元気になる!!
具体的には——
1 睡眠
12時前にベッドに入る
セーフ!!
脳をクールダウンさせるにも重要
夜ぐっすり眠れないときは昼間の「ちょこっと寝」
ZZZ
ただし夜の睡眠に影響しないよう30分未満
最低6時間
理想は7時間半の睡眠時間確保
難しい…

2 食事

朝昼晩の割合は

10：8：6

朝　昼　晩

晩ごはんから就寝まで3時間あける

旬のものをバランスよく食べる

腹8分目を心がける

3 運動

運動量は汗をじわっとかくくらい

習慣にする

4 感情

考えても解決しないことをクヨクヨ考えない

嬉しくても楽しくても「気」は減ることを知る

あんまり目新しいことはないですね
よく言われてることだし
ピク
地味…
トメさんは全てを実践されてるのかしら
1回2回はできてもそれを「継続」することが大事!!
はっ
知っているとやっているとは大違い〜!!
ごごめんなさい…
確かに運動をしていなかった人が運動を習慣にするのは
ドーン
ハードルが高いですね
「筋肉」でも言ったけど運動から遠ざかっている人が突然始めると
トラブルが!
アンさんこわいまま
急にジムで激しく動いたりランニングを始めたりすると——
やるぞ
やるぜ
やるぜ
やるわ
やるぞ
やるさ
やるんだ
やるぞ
やるぞ
やるわ
やるぜ
やるよ
やるわ

かえって「気」が減ってしまう
疲れた〜
その結果三日坊主になりやすい
まずはウォーキング程度の運動から
うちの近所をほぼ毎日10分
鼻歌を歌いながら〜
気（体力）をつけて徐々に運動量を増やしていく
毎日30分
軽くジョギング
毎日5キロ
毎日20キロ
フルマラソン〜!!
必要に応じて
トメんちの犬↓
犬のさんぽはオススメ
ぐいぐい
毎日絶対行くしサボれない
そうそう
感情も気と深く結びついているんですよね
喜
悲
想
憂
怒
驚
恐

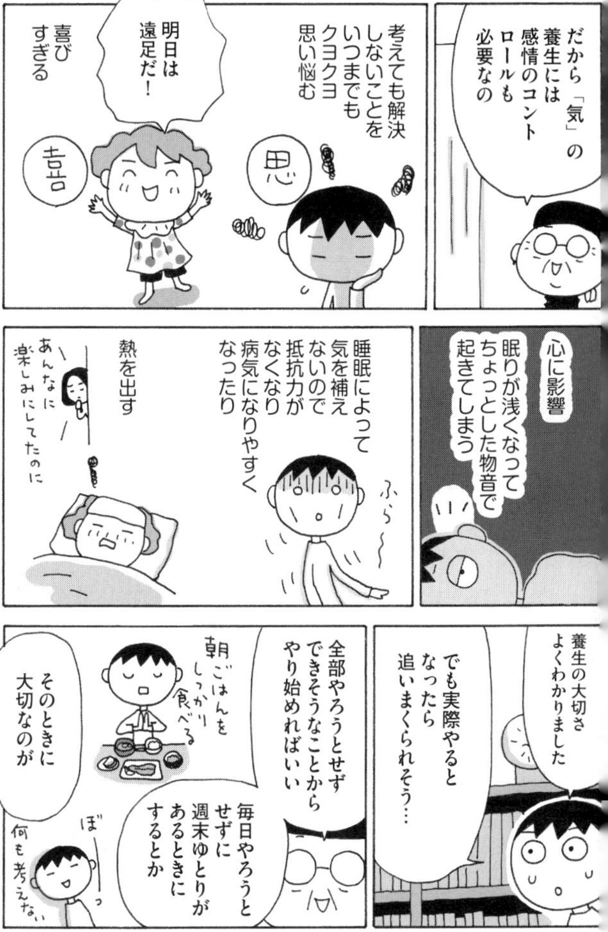
だから「気」の養生には感情のコントロールも必要なの
考えても解決しないことをいつまでもクヨクヨ思い悩む
思
明日は遠足だ！
喜びすぎる
喜
心に影響
眠りが浅くなってちょっとした物音で起きてしまう
睡眠によって気を補えないので抵抗力がなくなり病気になりやすくなったり
ふら～
熱を出す
あんなに楽しみにしてたのに
養生の大切さよくわかりました
でも実際やるとなったら追いまくられそう…
全部やろうとせずできそうなことからやり始めればいい
毎日やろうとせずに週末ゆとりがあるときにするとか
朝ごはんをしっかり食べる
そのときに大切なのが
ぼ――っ
何も考えない

自分の
「中庸を守る」（過不足がない）こと
中庸は人によって違う
バランスがとれてるってこと？
そう 自分の「適量を守る」とも言えるわ
おっとっとっ
どうやったら自分の中庸がわかりますか？
はずれるとわかるの 特に嗜好の変化がわかりやすいわね
ああ無性に甘いものが食べたい…
何かジャンクフードが食べたい…
油っこいものとか
なるほど！
何かしらの養生が必要!!
ビールが無性に飲みたくなるのも中庸からはずれているから？
自分のカラダからのサインを
受けとって応えてあげられるのは自分だけなのだ

人生の優先順位をつけるとき

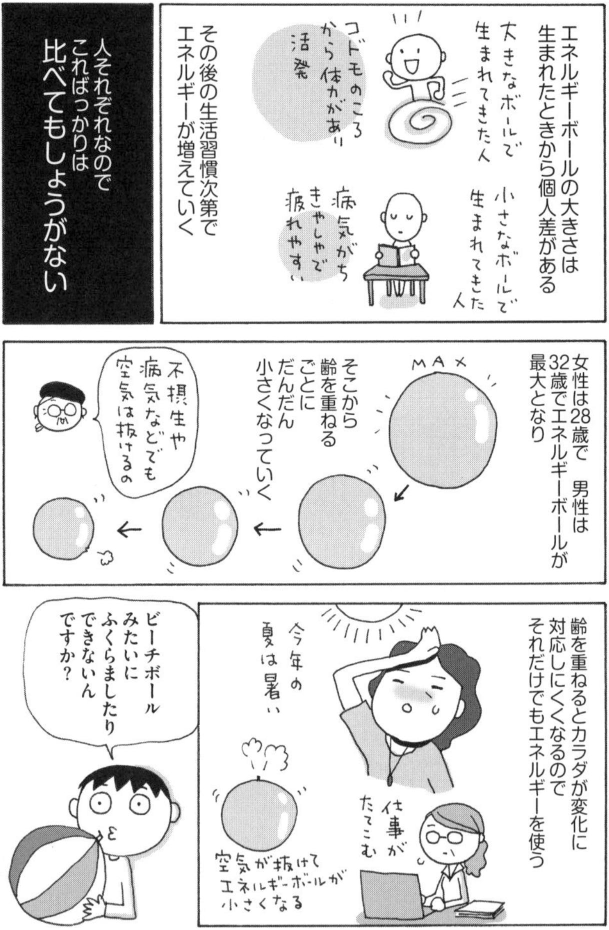
エネルギーボールの大きさは生まれたときから個人差がある
大きなボールで生まれてきた人
コドものころから体力があり活発
小さなボールで生まれてきた人
病気がちきゃしゃで疲れやすい
その後の生活習慣次第でエネルギーが増えていく
人それぞれなので
これぱっかりは
比べてもしょうがない
女性は28歳で　男性は32歳でエネルギーボールが最大となり
MAX
そこから齢を重ねるごとにだんだん小さくなっていく
不摂生や病気などでも空気は抜けるの
齢を重ねるとカラダが変化に対応しにくくなるのでそれだけでもエネルギーを使う
今年の夏は暑い
仕事がたてこむ
空気が抜けてエネルギーボールが小さくなる
ビーチボールみたいにふくらましたりできないんですか?

若いころは
ちょっと休むことで
プーっと
ふくらますことが
できたけど――
齢を重ねると
肺活量も
減るから
なかなか
ふくらまない
こんなのが
あればいいけど
スコスコスコ
ってことは
いかにボールの空気を
抜けないようにする
のかってことですよね
どうすれば
そーっと
そーっと
一番いいのは
手を抜くこと
手を抜いたアンさん
え!?
完璧主義を
やめるってこと

トメさん世代の人たちは
自分の体調の変化に
加えて――
更年期
仕事で責任増す
親の介護
コドモの進学・就職
夫婦関係の変化
ドッといろんなことが
押し寄せる
ブン
それらの来る球を片っ端
から100%の力で全て打ち
返そうとしたら
バッタリ
エネルギーボールは
みるみる小さく
なっていく
若いころとは違う
自分の中で
優先順位をつけて
エネルギー配分を
しないと！
優先
順位!!
このコップは
これだけか
私はね
人生を楽しむために
一番大切だと思って
いることがあるの
それは――

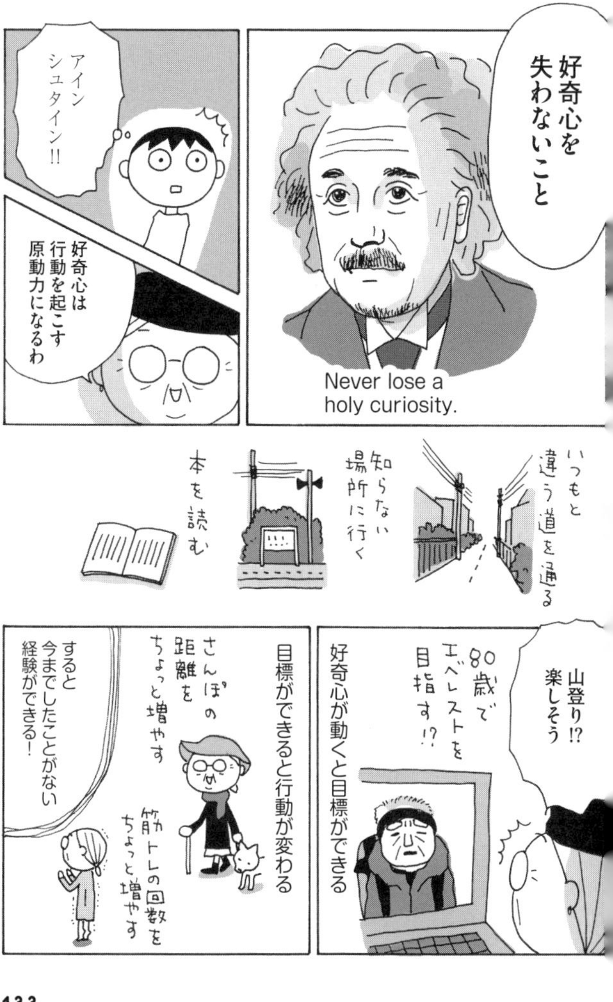
好奇心を失わないこと
Never lose a holy curiosity.
アインシュタイン!!
好奇心は行動を起こす原動力になるわ
いつもと違う道を通る
知らない場所に行く
本を読む
山登り!? 楽しそう
80歳でエベレストを目指す!?
好奇心が動くと目標ができる
目標ができると行動が変わる
さんぽの距離をちょっと増やす
筋トレの回数をちょっと増やす
すると今までしたことがない経験ができる!

目標は人生を彩ってくれるわ〜
近所の山に登頂！
私にとってのエベレスト！
私が好奇心を持ち続けるには
「気《エネルギー》」が必要
だから早目にこまめに養生
これは人生を自分らしく生き抜くための
戦略
ムダなことにエネルギーを使っている余裕はない
人のネガティブな物言い
人と自分を比べる
卒業したの

そして さらに 好奇心を満たす ために 時には
ハメを はずす
心ゆくまで マージャンって ことですね
グッ
アンさんにとって 「老化」って 何ですか?
自分が何を 大切にしたいか ハッキリさせること
できることも 時間も限られて くるからね
トメさん

まずは
老いていく
自分のカラダを
ゆるしてあげて
リアルトメ ↗

パチッ
一晩眠っている間にもカラダの中ではいろんなことが起こってたんだな

シューシュー
齢をとっても
ココロとカラダが
一体化していると楽よ～
ゆとりができて
ヒトに優しくできるわ
アンさんから
もらった
ハーブティー
人間が閉経しても
生きられる理由
アンさんのように
智恵を下の世代に
伝えるためじゃないかな
この数日で
いろんなことを聞いた

ヒトの寿命の設定は
50歳まで――
50歳を過ぎて
生きてるなんて
それだけでラッキー
50歳から先は
もらった人生だと
思えば――
何でもできる
空中ブランコにトライ!(実話)
その原動力は「好奇心」
好奇心の火が消えないように
薪をくべる
好奇心

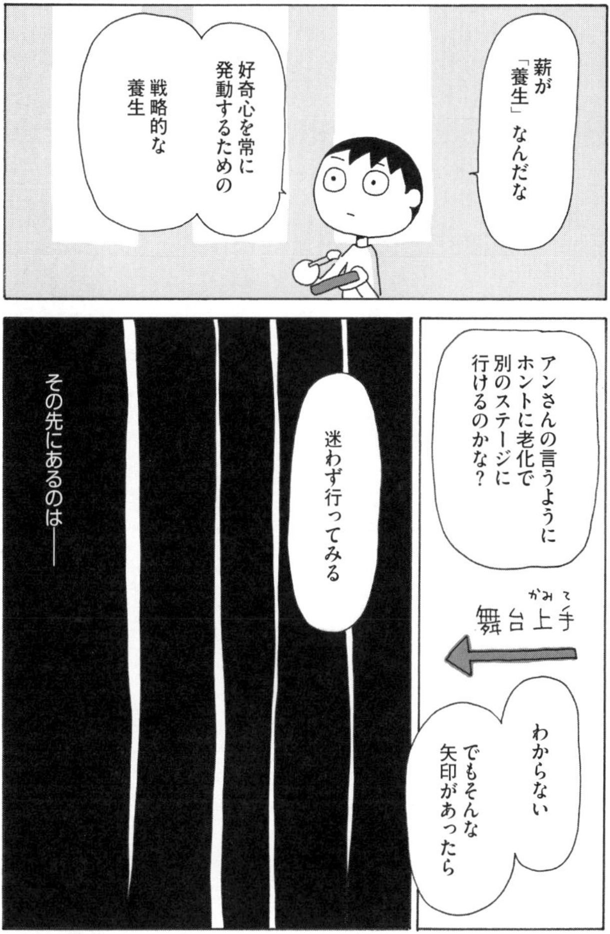
薪が「養生」なんだな
好奇心を常に発動するための戦略的な養生
アンさんの言うようにホントに老化で別のステージに行けるのかな?
舞台上手《かみて》
わからない でもそんな矢印があったら
迷わず行ってみる
その先にあるのは——

あとがき

こんな風に齢をとれたらいいなあ。

アンさんは私がそう思った大先輩方を参考にして、描きました。ところが途中からは、勝手に動き出した感があります。描き進めるごとに、マンガの中の私もペンを持つ私も、アンさんにどんどん諭されているような感覚になりました。

お話を伺った5人の先生方は、実在する方々です。それぞれ違った切り口でお話をして頂き、自分の細胞にまで思いをはせることができるようになりました。

近藤祥司先生、桜木晃彦先生、田中尚喜先生、池谷裕二先生、木村容子先生、本当にありがとうございました。

カラダの変化を観察しながらゆるゆると齢をとっていけたらいいなあ、と穏やかなキモチでペンをおくつもりでした。

ところが！　まさにこのあとがきを書いているときです。喘息が再発しました。４年ぶり。

実は養生が大事とマンガで描いておきながら、忙しい日々に身を投じていた私。喘息は完治しないとは聞いていたものの、症状が全然出ていなかったことに甘えていたんです。

これは私のカラダからの強烈なメッセージ。アンさんからのダメ出しも聞こえます（はい、知っているとやっているでは大違いですね）。カラダの声、しかと受け止めます。声を発さなくなる前に。カラダは確実に閉じていく方（死）に向かっていると実感しています。これも進化ですね。

この本の編集にあたり、幻冬舎の竹村優子さんには大変お世話になりました。また立ち上げには大野里枝子さんにも助けて頂きました。女性ならではの老化の悩み、不安を常にシェアさせて頂きました。この本をステキにデザインしてくださった川名潤さん、ありがとうございます。

私の喘息の治療をしてくださっている浜通りクリニックの西村かおり先生、これからもよろしくお願いします。

そしてここまで読んでくださったみなさま、ありがとうございました。
「イェーイ！　老化するぜ！」
って前のめりにはなれないけど、できなくなったことはもうやる必要がなくなったんだ、と思って50歳からの特別な時間を過ごしていこうと思います。

またどこかでお会いしましょう。

上大岡トメ

文庫版あとがき

単行本を描いてから2年。
私のカラダは、また、大きく変化しました。「更年期」です。
よっしゃ、来たっ！　って、最初は軽いキモチでした。なぜなら40代のころから
いろいろと取材をする機会があったので、「更年期の症状はこうで、こうすればいい」
というシナリオが頭に入っていたのです。
ところが、カラダはシナリオを無視。強い倦怠感に常に頭はぼーっ。そしてキモ
チも塞ぐ。いや、つらいねえ、更年期。甘く見てました。ごめんなさい。仕事を調
整せざるをえませんでした。
（ああっ！　またもやあとがきが「体調悪い」自慢に！）
でもこれは「新しいカラダ」になる過程。慣れるまでの辛抱と思っていたので、体
調がいいときはせっせとバレエのレッスンをし（動いているときは更年期を忘れら
れる）、体調が落ちてきたときは漢方薬に助けてもらいひたすら養生。具合が悪い
わりにはカラダはどんどん筋肉質になっていく、という不思議な現象が起きました。
1年たった今、その新しいカラダの乗り心地にもだいぶ慣れてきたもよう。

すると今までは何とも思わなかったものが、すごく滋味深くおいしいって感じるようになってきたのです。山椒の実や新しょうが、貝の内臓とか。しいたけの入った昆布の佃煮の瓶なんて、うっとりとながめてしまう。漢方薬の苦みさえ味わい深い。

味覚以外にも変化が。スマホのアルバムには、植物、山、雲の写真の占める割合が増加。土を触っていると落ち着く。鳥の鳴き声が耳にとまるようになる。静寂が心地いい。こんな五感の広がりは、日々が豊かになるので嬉しいです。

これから未来はさらに短くなります。ますます「今、この瞬間を生きる」ことが大事になってくる。だから体調の悪い日も否定しない。これから生きていくための準備だから。自分のありのままを受け入れられたら、もう少しラクになるかなと思います。

人生の原動力である「好奇心」。それを失わないためにも養生という薪をくべる。「自分への過信と甘えが体調を崩す」。このアンさんのコトバを胸に、これからも約37兆個の細胞たちと生きていきます。

また元気にお会いしましょう。

上大岡トメ

近藤祥司（こんどう・ひろし）
1992年京都大学医学部卒、同大学医学部附属病院老年内科入局。95年京都大学理学部で細胞周期の研究に従事。2001年ロンドン大学、英国がん研究所にて細胞老化と解糖系代謝を研究。現在、京都大学医学部附属病院高齢者医療ユニット・地域ネットワーク医療部准教授、博士（医学）。

桜木晃彦（さくらぎ・あきひこ）
1954年、東京都生まれ。東京大学理学部卒、博士（医学）。骨博士と呼ばれる解剖学者。CGを軸としてアートとサイエンスの融合を目指す。主な著書に、『自分の骨のこと知ってますか』『生体で学ぶ解剖学』、共著に『CGクリエーターのための人体解剖学』などがある。

田中尚喜（たなか・なおき）
理学療法士（運動器専門理学療法士）。1987年、岩手リハビリテーション学院卒業後、89年、東京厚生年金病院（現・JCHO東京新宿メディカルセンター）リハビリテーション室勤務。現在はリハビリテーション士長。著書に『百歳まで歩く』などがある。

池谷裕二（いけがや・ゆうじ）

１９７０年、静岡県生まれ。東京大学薬学部教授。脳研究者。98年、東京大学大学院薬学系研究科にて博士（薬学）取得。海馬を通じて、脳の健康や老化について研究している。『記憶力を強くする』『進化しすぎた脳』『パパは脳研究者』など著書多数。上大岡トメとの共著に『のうだま1、2』がある。

木村容子（きむら・ようこ）

医師。博士（医学）。東京女子医科大学附属東洋医学研究所所長、教授。日本内科学会認定医。日本東洋医学会理事、専門医、指導医。お茶の水女子大学卒業後、中央官庁に入庁。英国オックスフォード大学大学院留学中に漢方に出合う。帰国後退職し、東海大学医学部に学士入学。２００２年より東京女子医科大学附属東洋医学研究所に勤務。著書に『太りやすく、痩せにくくなったら読む本』などがある。

参考文献

○近藤祥司先生
『老化はなぜ進むのか　遺伝子レベルで解明された巧妙なメカニズム』（講談社ブルーバックス）
『老化という生存戦略　進化におけるトレードオフ』（日本評論社）

○桜木晃彦先生
『自分の骨のこと知ってますか　人のからだは驚異の立体パズル』（講談社＋α新書）
『ながいながい骨の旅』（監修、講談社）

○田中尚喜先生
『百歳まで歩く　正しく歩けば寿命は延びる！』（幻冬舎文庫）

○池谷裕二先生
『脳はこんなに悩ましい』（共著、新潮社）
『脳はみんな病んでいる』（共著、新潮社）

○木村容子先生
『漢方の知恵でポジティブ・エイジング』（NHK出版）
『女50歳からの「変調」を感じたら読む本　アフター更年期の漢方医学』（静山社文庫）

○その他
『86歳ブロガーの毎日がハッピー毎日が宝物』繁野美和（幻冬舎）
テレビ番組　NHKスペシャル「人体」

解説

辛酸なめ子

直視できない、したくないことの一つが「老い」です。年齢を感じさせない女性のニュースを見たり、希望を感じるエピソードを聞いたりして、自分のアンチエイジングの励みにしていました。例えば、有名人では、何歳になっても透明感が保たれている吉行和子さんや、ちょっと前に話題になった1975年生まれで20代にしか見えない台湾人インテリアデザイナーの美女、ルアースーさん。ルアースーさんがブラックコーヒーをよく飲むという情報を得て、一時期コーヒーをよく飲んでいたのですが特に目に見えて変化はなく……。40代前半に見える70代のオーストラリア人女性、キャロライン・ハーツさんの話題にも希望を抱きました。約30年間砂糖を摂らない生活で、顔だけでなくスタイルも若さを保っています。ただ、まねしたくてもシュガーフリーはハードルが高いです。また、身近では、32歳の友人男性が54歳の美魔女とデートした話や、45歳の友人が25歳の男性にナンパされて「いい男になるから待ってて」と言われたという、女冥利に尽きる話に希望を抱きました。

景気のいいアンチエイジング話ばかりに目を向けて、自分の現実を直視しないでいたのですが……。40代後半にもなれば寄る年波には勝てません。まず、体感したのは視聴覚の衰え。ショッピングに行くと最も重要な値札が小さすぎて判読できず……。10万円のバッグを1万円だと思って、かなりのお値打ち品だと買おうとしたら0が一つ多くてあきらめた、というようなことが頻発。6000円なのか8000円なのかもわかりません。アパレルショップは、中高年の世代にとって読みづらい表記にして、どさくさにまぎれて買わせようとしているのでは？　と陰謀を感じてしまいます。10代の頃はどんな暗い部屋でも字が小さい文庫本を読めたのに……今は時間帯によっては読書をあきらめざるを得ません。聴覚に関しても、耳がだんだん遠くなってきた実感があり、友人との集まりでも会話が聞き取れないことがあります。ちょっと前も、同窓生の部活仲間の集まりで、会話が断片的にしか聞こえず、「豚しゃぶ」「かき氷」「淡谷のり子」といったワードをかろうじて聞き取ることができたので、「えっ何？」と何度も聞き返して会話に水を差してしまいました。視聴覚の他にも、代謝の悪さ、足の神経痛、白髪、顔のたるみなど、老化の兆しは枚挙に暇がありません。

しかしまだ自分の老いに向き合えず、上大岡トメさんの名著『老いる自分をゆるしてあげる。』も、なかなか開く勇気が出ませんでした。「老いる自分」をゆるす……そんなことができるのでしょうか？　しかし、いったん読み始めてみると、共感の嵐に襲われました。上大岡さんは48歳から咳がはじまり喘息になられたそうですが、私も数年前咳ぜんそくを発症。激しい咳からの吐き気に悩まされました。今でもストレスが極まると症状が出ます。50歳前後で体調の変化が起きやすい、ということに気付いた上大岡さんは、老いの先輩、アンさんとの出会いで、新たな知識の扉を開きます。

アンさんは、美魔女でも若作りでもなく、ごく自然に年齢を受け入れている81歳の素敵な女性。アンさんがまずおっしゃった、「ヒトの寿命の設定は50歳まで」説に軽い衝撃を受けました。そういえば、戦後すぐの頃は女性の平均寿命は53・96歳で、それから70年間で30年も寿命が延びた、と読んだことがあります。「サザエさん」に出てくる、磯野フネさんは結構お年を召しているように見えて実は48歳、というショッキングな説も。40代で祖父母になり50代で天寿を全うする……それがちょっと前までの人間の営みだったのでしょうか。上大岡さんも「50歳を機に重力がなくなって宇宙遊泳に行く感じ!?」と書かれていますが、50代以降は生死を超えた、新たなフェーズに入っている、と思って良いのかもしれません。もはや半分死後の世界のような……。年齢をカウントするのもやめたいくらいです。アンさんは「老化は人間を別のステージに連れていってくれると思っているの」とおっしゃいます。老いるのにはネガティブな印象がありましたが、「別のステージ」と思うとワクワクしてきます。ポジティブな導入に心が救われました。

アンさんの老化の知識は5人の専門家に教わった、とのことで、漫画を読みながら実在する先生方の最新の老化についての知識を学べます。メンツを拝見すると信頼感しかありません。例えば骨や筋肉について。骨や筋肉の老化を防ぐことは、老後のQOLにとって重要です。老いの先輩である父親が自力で歩けなくなってしまった姿を見て、私も将来に危機感を覚えていました。骨を強くするためには、ジャンプしたりして骨細胞を刺激すること。カルシウムとたんぱく質をしっかり摂る。「筋肉に引退はない」ので、トレーニングしたり、正しい姿勢で歩いたりしてできるだけ筋肉を使うこと。……といった知識がわかりやすい絵とともに描かれていて実践しやすいです。まだ手遅れになる前にこの本と出会えて良かったです……。「感情も齢をとる」という項目にもハッとさせられました。齢を重ねて涙もろくなったことを実感したという上大岡さん。わかります。不肖私も、嵐の「Monster」という曲を聴くと泣いてしまいます。アンさんによると「アフェクティブエンパシー」という現象だそうで、共感する力が強くなった、とのこと。様々な感情の共感ポイントが増えることで、他人の状況に感情移入して、「泣く」という行為につながるそうです。「アフェクティブエンパシー」というかっこいい学術用語で表現されると、ポジティブに捉えられます。

しかしその後の、「老化すると性格は5つのタイプに分かれる?」という項目にはドキッとしました。アメリカの心理学者による「高齢者の個性の分類」は、自然に老いを受け入れる「適応型　円熟型」、消極的に老いを受け入れる「適応型　安楽椅子型」、老いへの恐怖で抗おうとする「適応型　装甲型」、愚痴と後悔まみれの「不敵応型　自責型」、攻撃的でトラブルを起こしがちな「不適応型　攻撃憤慨型」の5つです。もしかしたら以前の私は、老いに抗おうとしていた「適応型　装甲型」だったかもしれません……。5つめの「不適応型　攻撃憤慨型」はいわゆる「老害」と言われてしまうタイプだそうです。そういえば親の介護で老人ホームについて調べていた時、やたら怒鳴り散らすタイプやセクハラするタイプは老人ホームに受け入れてもらえない、と聞きました。おそらく現役時代、人の上に立って威張っていた人ほど、「攻撃憤慨型」のお年寄りになってしまい、老後はどこにも受け入れてもらえないことに……。人に迷惑をかけず、平和な波動を放ち、愛される老人になりたいものです。タイプを知ることで今のうちから対策できそうです。

この本で最も直視するのが怖かったのは、120ページ「ホルモンの分泌量の変化」かもしれません。「ピークは28歳!!」と上大岡さんもショックを受けていましたが、この表の文字が細かいのは、40代以降への心づかいだと受け止めました。読みたくなければ読まないでいいよ、という……。でも、最後は東洋医学の話で心にスッと入ってきました。気・血・水の3要素がバランス良い状態だと、健康を保てます。中でも生命活動の源となるのは「気」だそうです。「気」を養生するためには「睡眠」「食事」「運動」「感情」の4本柱が大切。真理はいつもシンプルです。そして4本柱をしっかりすることで、テロメアも長くなるという……。アンさんは、「手を抜くこと」「好奇心を失わないこと」「時にはハメをはずす」こともすすめていらっしゃいました。この本で学んだ知識も、全部しっかり実行しようとせず、時々パッと開いたら、それが必要なメッセージなので、その部分を試してみる、というのがちょうどいいのかもしれません。

「まずは老いていく自分のカラダをゆるしてあげて」というアンさんの至言を受けて「リアルトメ」さんの姿が描かれていますが、イラストレーターさんとしてかなりの勇気ある表現に敬服しました。ほとんどの漫画家やイラストレーターが（自分を含めて）往生際悪く、自画像にほうれい線やしわを描かない中、「リアルトメ」さんはその自意識の一線を越えられました（でも実際のお姿はきっと若いのだと思います）。この表現によって、より多くの読者の共感を得て、本がヒットしたのでしょう。私も自画像を描く時に、「老いた自分をゆるし」しわを描き込むべきか……。そんな大きな課題もいただきました。抗いすぎないで、自然な老化をとげられるかどうかの分かれ道になる一冊です。

——漫画家／コラムニスト

この作品は二〇一九年七月小社より刊行されたものです。

図版＝ホリウチミホ

老《お》いる自分《じぶん》をゆるしてあげる。

上大岡《かみおおおか》トメ

令和3年8月5日　初版発行
令和4年7月20日　3版発行

発行人――石原正康
編集人――高部真人
発行所――株式会社幻冬舎
〒151-0051東京都渋谷区千駄ヶ谷4-9-7
電話　03(5411)6222(営業)
　　　03(5411)6211(編集)
公式HP　https://www.gentosha.co.jp/
印刷・製本―株式会社　光邦
装丁者――高橋雅之

幻冬舎文庫

ISBN978-4-344-43110-2　C0195　か-26-6

この本に関するご意見・ご感想は、下記アンケートフォームからお寄せください。
https://www.gentosha.co.jp/e/